Johann Friedrich Herbart

Über philosophisches Studium

Johann Friedrich Herbart
Über philosophisches Studium
ISBN/EAN: 9783959135603
Auflage: 1
Erscheinungsjahr: 2016
Erscheinungsort: Treuchtlingen, Deutschland
Literaricon Verlag Inhaber Roswitha Werdin, Uhlbergstr. 18, 91757 Treuchtlingen
www.literaricon.de
Dieser Titel ist ein Nachdruck eines historischen Buches. Es musste auf alte Vorlagen zurückgegriffen werden; hieraus zwangsläufig resultierende Qualitätsverluste bitten wir zu entschuldigen.

UEBER

PHILOSOPHISCHES STUDIUM

VON

JOHANN FRIEDRICH HERBART.

INHALT.

	Seite
Einleitung	1
Ueber philosophische Ansichten	15
Ueber Speculation	29
Ueber Philosophie und Wissenschaft	69

EINLEITUNG.

In welches Verhältniss gedenkt die Philosophie sich zu setzen gegen die übrigen Wissenschaften, und gegen das Leben? Wäre es ihr recht, empfunden zu werden als eine Herrschaft, die aus der Ferne kam, überlegen durch fremde, unbekannte Waffen, gehässig, aber furchtbar? Oder möchte sie als einheimisch angesehen werden in ihrem Wirkungskreise, als Verwandte und Freundin gekannt sein, und fortdauernd anerkannt, und erprobt?

Vielleicht hat sie keine Wahl. Sie fühlt sich fremd, von einem fremden Geiste erleuchtet, von höherer Hand getrieben. Es ist Inspiration, die aus ihr redet, daher die Worte des Eifers! Es ist Sphärenklang, den wir vernehmen; leider verdorben in dem Medium unsrer Sprache und unsrer Ohren; daher die häufigen Mislaute, die uns nicht wundern dürfen. Es sind die Eingriffe einer überirdischen Befugniss, wenn sie uns stört in unserm bisherigen Denken und Schaffen. Behaupten, anmuthen, fordern, schlagen an die verstockten Gemüther — das ist ihre Bestimmung.

Sie mag wissen, was sie damit erreichen könne! Sie mag wissen, wie sie von ihrer Höhe herabgekommen ist, wie sie aus sich heraus, in uns hinein gehen könne, und wie es ihr weiter gehen werde in dieser, ihr ewig fremden Welt des menschlichen, auf sinnlicher Anschauung gegründeten Wissens und Lebens.

Wir bekümmern uns nicht darum. Hier, in diesem Buche, ist nichts zu finden von dieser übernatürlichen Weisheit. Nur gelegentlich wird von derselben die Rede sein als von einem historischen Phänomen, das als solches in der That eben so begreiflich ist, als merkwürdig. — Diejenige Philosophie, um die es uns zu thun ist, liegt gar nicht *ausser* dem übrigen Wissen, sondern sie erzeugt sich *mit* demselben und *in* demselben, als dessen unabtrennlicher Bestandtheil; sie hat zu demselben ein ganz und gar *immanentes* Verhältniss, — welcher Ausdruck diejenigen orientiren mag, die schon mit der gewöhnlichen Kunstsprache bekannt sind. —

Mitten unter den Protestationen gegen die Anmassungen der Systeme hört man nicht auf, philosophischen Geist zu fordern von jeder Wissenschaft, und von jedem, der sie pflegt, und der sie anwendet im Leben. Allgemeiner wie je wird der weite Unterschied anerkannt zwischen einer Gelehrsamkeit, die aus angehäuften Massen besteht, und zwischen der Denkkraft, welche die von eben diesen Massen dargebotenen Veranlassungen zum Denken aufnimmt und verfolgt. Man sieht ein, dass es ein geringes Lob ist, wenn Jemand allenfalls die archivarische Fertigkeit besitzt, aufzustellen, was er sammelte; man fühlt, um wie wenig sich dieses Lob erhöhet, wenn eine dienstbare Redekunst hinzukommt, die etwa die aufgestellten Stückchen zierlich genug aus ihrem Fache zu heben und zu präsentiren weiss; man bleibt unbefriedigt, selbst wenn eine genialische Phantasie, und ein weiches Herz, bei Gelegenheit jener Gegenstände manches Interessante, manches Schöne und Rührende herbeibringt: — man will nicht *gelegentlich irgend etwas* denken und fühlen, — sondern der Sache selbst will man inne werden!

Der Mathematiker fühlt den Beruf, uns den Geist seiner geistreichen Formeln zu enthüllen. Der Historiker beeifert sich, aus dem Geschehenen sprechende Physiognomien zu bilden, in deren Mienen wir klare Gedanken lesen. Der Jurist will nicht mehr das rauhe Organ sein für die zerstückelte

Weisheit einer alten Zeit, er will, dass wir den Zusammenhang durchdringen, welcher den geretteten Fragmenten gehört, und den Gegensatz einer Gesetzgebung gegen die andere, und die weite Möglichkeit, in welcher sie alle schweben, und das Bedürfniss nach Principien der Wahl dessen, was recht, was anständig, was wohlthätig, und was räthlich ist. Der Sprachkenner wendet alle Hülfsmittel an, um das Vergangene und Entfernte für uns in das Licht der Gegenwart zu stellen, uns mit Anschauung und Urtheil hineinzuversetzen; — doch wozu hier fortfahren? Soll man bis zu den Aerzten kommen, die in den mangelhaftesten Theorien sich umherzuwerfen nicht scheuen, um vielleicht irgendwo feste Begriffe zu finden, auf welche die sichere Wissenschaft möge erbauet werden können? —

Noch schweigen wir ganz von Philosophie. Wir sprechen bloss vom philosophischen Studium — gleichviel welches Gegenstandes. Daraus, oder vielmehr darin, muss jene sich von selbst entwickeln; oder sie kann nie eine Stätte finden in unserm weltlichen Wissen. Was ist nun das Charakteristische alles philosophischen Studiums, so wie jeder es kennt in seinen eignen Studien? Ohne Zweifel dies: dass man der Sache ganz inne zu werden suche. Aber hier ist nicht die Rede von *äussern* Zerstreuungen, — dass ein philosophischer Kopf sich diesen zu entwinden wisse, versteht sich ohnehin. Darauf kommt es an, dass in dem Gegenstande selbst alles Zerstreuende, — alles was uns drückt, hemmt, betäubt, was unsre Besinnung spaltet, was uns die freien Uebergänge im Denken erschwert oder unmöglich macht, — überwunden und fortgeschafft werde.

Dem gemäss ist es die erste Aeusserung des philosophischen Geistes: allenthalben Einheit zu suchen. Denn was ohne Noth als Vieles gedacht wird, da es doch hätte in Einen Gedanken gefasst werden können: das raubt dem Gemüth einen Grad von Concentration, und Innigkeit, und Lebendigkeit des Bewusstseins; das versperrt einen Weg, den man in den Uebergängen des Denkens hätte nehmen können.

Daher das Streben zur Vergleichung und Unterscheidung. Festgehaltene, und gehörig abgestufte Vergleichungen geben uns jene ordnenden Begriffe, welche wir *Titel* und *Rubriken* nennen, und *Gattungen* und *Arten*, — mit einem Wort alles, was zur Classification gehört. Wie sehr dadurch die Uebersicht, und mit ihr unsre freie Disposition über unsre Kenntnisse erleichtert wird, ist bekannt. Aber auch alles Aufsuchen von Aehnlichkeiten und Contrasten, alles Streben nach lichtvollen Parallelen hat den nämlichen Grund. Die allgemeinen Reflexionen, die Rück- und Vorblicke, welche die unentbehrliche Würze jedes nicht geistlosen Vortrags ausmachen, werden eben *dadurch* die Kennzeichen des philosophischen Kopfes sowohl als seines Gegentheiles: dass der erste sie antrifft, wo die Sache sie darreicht, und sie hinstellt, wo sie als Ruhepunkte und Sammlungspunkte willkommen sind, während der andre sie verfehlt, wo sie am Platz wären, und sie erkünsteln will, wo sie nicht möglich sind und wo sie den Fluss der Auffassungen nur unterbrechen. —

Hier nun ist für Manche schon der Anfang der Philosophie. Sie machen sich nämlich eine Menge solcher allgemeinen Betrachtungen und eine Menge jener Rubriken geläufig; sie benennen dergleichen mit Kunstnamen, bringen es unter höhere Rubriken, und stellen es wie eine Naturaliensammlung auf, losgerissen von dem Boden der Erfahrungsgegenstände, gleich als ob es für sich selbst etwas Wirkliches wäre, das man verwahren, auch nach Gelegenheit dem Wirklichen wieder beimischen, und mit unterlaufen lassen könnte. Daher die Gemeinplätze und frostigen Sentenzen, und manches andre Lästige! Es ist schlimm, dass aus solchen Sammlungen zuweilen auch diejenigen sich versorgen, welche mitten in dem Wirklichen drin stehen, und das Bedürfniss der Einheit in der Auffassung desselben fühlen, aber, anstatt nun selbst diese Einheit mit eignem philosophischen Geiste hervorzubringen, — vielleicht zu früh ungeduldig werden, und sich helfen lassen von jenen Allgemeinheiten. Noch ist die Kantische Kategorientafel, dies Muster arger Unordnung in scheinbarer Ordnung, unter uns nicht völlig veraltet! Sie war so bequem, wenn Jemand etwas untersuchen wollte, und um Gesichtspunkte verlegen war, aus denen es mochte betrachtet werden können!

Es liesse sich denken, dass eine solche Sammlung von Allgemeinheiten, — eine geordnete Aufstellung derjenigen allgemeinen Begriffe und Urtheile, auf die man, in der Mitte der übrigen Studien, sich geführt findet, — gehörig geläutert und gesäubert, nützlich gebraucht werden könnte als Disciplin für zerstreute Köpfe, auch zum Theil als Probe- und Verwahrungsmittel gegen falsches Raisonnement; ungefähr so wie eine Grammatik denen nützlich wird, die in einer Sprache nicht fest sind. Aber in der Muttersprache wenigstens kann man sehr gut bewandert sein, auch sich ihrer feinern Wendungen, die auf keine Regel gebracht sind, glücklich bedienen, ohne ihre Grammatik, als solche, im Gedächtniss zu haben. So auch würde eine Philosophie, die nur Grammatik des Denkens wäre, in demselben Masse entbehrlicher sein, wie Jemand ein besserer, geübterer, reicherer Kopf wäre; nimmermehr aber könnte sich ein Mann von Verstande entschliessen, sie zum Beruf seines Lebens zu wählen, und gar die edelste aller Berufsarten in ihr zu finden meinen.

Es wäre dann kein grosser Schade, wenn einmal die Philosophie ganz verloren ginge. Sich selbst genug, bliebe die Empirie zurück; fähig, sich mit leichter Mühe jenes Verlorne auf der Stelle neu zu schaffen, wenn sie etwa wollte.

Das lächerlichste Phänomen wäre alsdann der Stolz, womit zuweilen Männer, die nicht Leerköpfe, nicht ungebildet sind, denen man den Massstab für das Würdige nicht leichthin absprechen mag — von der Philosophie als dem Würdigsten und Höchsten reden. Das Unbegreiflichste wäre der Streit, der unter Denkern, die sonst nicht feindseliger Gemüthsart sind, der sogar unter Freunden, trotz aller persönlichen Hochschätzung und Liebe, beim philosophischen Disput entbrennt, und fortbrennt in der Tiefe, nachdem die Worte längst kalt geworden sind.

Man bedenkt sich vielleicht noch, in Rücksicht auf diese bekannten Erscheinungen, eine höhere Bestimmung der Philosophie als wahrscheinlich zuzugeben. Es bedarf auch dessen nicht. Die Höhe und Würde der Philosophie fände sich wohl für den, der sie nur selbst erst besässe. —

Versetzen wir uns in das heitere Element jener penetrirenden Köpfe, denen die grössten empirischen Massen nach allen Richtungen durchsichtig sind, und denen, indem sie zu immer neuen Kenntnissen fortschreiten, aus den früher gesammelten Schätzen sich jede Analogie und jeder Contrast sogleich unwillkürlich hervorhebt, durch welche sie das Neue dem Alten anschliessen, und Eins vermöge des Andern erleuchten können. — Ist es denn wahr, dass sie in einem so ganz heitern Element sich befinden? Sind denn wirklich die empirischen Massen dadurch, dass gleichsam ihre *Textur* erforscht wurde, nun durchsichtig geworden? Merkt man denn, in der Freude, die sich kreuzenden Fäden weithin verfolgen zu können, etwa gar nicht, dass eben in diesen Fäden selbst die wunderlichsten Knoten liegen, welche sich weder auflösen noch durchschauen lassen wollen? so dass der Blick zwar wohl *neben* diesen Fäden hinzulaufen, aber nicht sie zu schneiden im Stande war —?

Vielmehr, unaufhörlich dringt es sich allen geistvollen Beobachtern auf, dass *eben die Begriffe, welchen wir alle Ordnung und alle Analogien in unsern Studien verdanken,* auf welche wir Alles beziehen, die sich *als Voraussetzungen allenthalben vorfinden,* um nur die gewöhnlichsten zu nennen, die Begriffe vom Sein, vom Thun und Leiden, von Verwandtschaft und Abstossung, vom Todten und Lebenden und Beseelten und Vernünftigen, — vom Continuirlichen und Discreten, vom Ewigen und Successiven, von Causalität und Organismus und von Freiheit und Genie: — dass diese Begriffe, mit ihren Dunkelheiten, die alte und nimmer alternde Plage aller Wissenschaften ausmachen; welche man, durch noch so lange angehäufte Erfahrungen, nie los geworden ist, — von welchen nicht weiter zu *reden* endlich Ton werden kann, an welche nicht weiter zu denken aber das Ende alles Denkens sein würde.

Und, indem man dies fühlt und weiss, streitet man doch noch über Empirismus und Rationalismus? Welchem von beiden der Vorzug gebühre? Welcher von beiden Wahrheit gebe?

Man hat also, scheint es, *nicht* gefühlt, dass die Erfahrung *zugleich* — uns unaufhörlich nöthigt, jene vorhin erwähnten Begriffe zu erzeugen; *zugleich* — uns mit ihnen allein und im Stiche lässt, von userm Denken erwartend, dass wir diese Halbgedanken vollenden werden; — *voraussetzend*, dass wir es thun werden, wenn wir von allem, was sie noch ferner zu sagen hat, irgend etwas wahrhaft verstehen wollen.

Viel zu früh in Furcht gesetzt, haben Einige, sobald sie merkten, dass sie in's Dunkel geriethen, den Fuss zurückgezogen, und sich fernerhin nur damit abgegeben, Wahrnehmungen zu registriren und zusammenzureimen, so gut es sich thun liess. So der Empirismus, der da glaubt, *für sich allein bestehen zu können.*

Viel zu rasch, sind Andre gelaufen Licht aus der Ferne zu holen; — es muss sie wohl geblendet haben, denn beim Zurückkehren konnten sie die dunkeln Stellen nicht wiederfinden, sondern erfreuten sich auf andre Weise an ihrem Licht. — Daher der Rationalismus, der für sich allein etwas gelten möchte.

Der Rationalismus ist leer ohne den Empirismus, — und nicht bloss leer, sondern auch bodenlos, sobald er etwas Anderes sein will als Entwickelung der von jenem aufgegebenen Probleme. Der Empirismus bleibt unverständlich ohne den ihn ergänzenden Rationalismus, und nicht bloss unverständlich, sondern vielfach widersprechend und in Feindschaft mit sich selbst. *Dieses* muss man gefühlt haben, um sich zur Philosophie zu erheben, *jenes*, um sich nicht unter Hirngespinnsten zu verlieren.

Wäre die menschliche Kraft stark genug, um sich zugleich in die Weite und in die Tiefe hinaus zu dehnen: so sollten alle Wissenschaften, jede für sich, und alle vereint, die Philosophie, als ihre nothwendige Ergänzung, aus innerem Triebe produciren; und niemals von sich lassen. Aber dieselbe Beschränktheit, welche allenthalben die Arbeit zu theilen nöthigt, welche das Wissen in Wissenschaften spaltete, hat von ihnen allen die Philosophie getrennt.

Man sieht sich genöthigt, *jene Begriffe, die allen Wissenschaften Ordnung, Zusammenhang, Einheit ertheilen, herauszuheben,* — nicht bloss um auch sie zusammen geordnet aufzustellen, sondern um die *innern Schwierigkeiten, die ein jeder von ihnen in sich trägt und durch die Wissenschaften verbreitet,* — einzeln zu betrachten und, wo möglich, zu lösen. So führt philosophisches Studium zur Philosophie, die nun als eine eigne, abgesonderte Wissenschaft erscheint, eben weil es an Kraft fehlt, die Begriffe, noch während man in den Sphären ihres Gebrauchs beschäftigt ist, rein auszuarbeiten.

Schlimm, wenn Jemanden das philosophische Bedürfniss zu spät — schlimm, wenn es ihn zu früh lebhaft ergreift. Könnte man diesem Bedürfniss gebieten: so müsste es sich zwar schon in der Knabenzeit, aber nur ganz allmählig erheben, immer wachsend, aber nur durch den Trieb der übrigen Studien, und der mannigfaltigsten Auffassungen von Welt und Menschheit. Zur Ausarbeitung vordrängen müsste es sich am allerletzten, nachdem die *allgemeine* Bildung in jedem ihrer Theile gesichert wäre; *nur* voranschreitend der traurigen Sorge für Amt und Brod, gegen welche die innern

Wurzeln des geistigen Lebens zu schützen *ihm* vorzugsweise zukommt. Nie müsste es tyrannisch das Gemüth verfinstern, nie darin allein leben wollen.

Aber wie weit entfernt ist noch die Kunst, den Gang menschlicher Gemüther zu lenken! wie verkannt selbst die Idee dieser Kunst! Jeder übt, wie er kann, die rohe Kraft, und ergreift, so stark er kann, alle die, welche nicht mit einem Uebermass von Kraft, — oder von Trägheit, sich entgegenstemmen. Durch die heftigsten Reizmittel sucht man, wie es sich treffe, die Einen in's Philosophiren hineinzuzwingen, die Andern davon zurückzuscheuchen; — unbekümmert, welche Ermattung, — welches Mistrauen diese Reizmittel zurücklassen werden.

So viel mehr Aufforderung, einige Bemerkungen herzusetzen für junge Männer, die ihres Eintritts in das Studium der Philosophie noch mächtig sind.

Der gewöhnliche Fehler ist: dass sie die ersten Regungen des Forschungsgeistes nicht früh genug gespürt und gepflegt haben; und dass sie in den akademischen Jahren zu rasch hinein und herdurchdringen wollen. Daraus folgt ein zweiter Fehler: dass sie die Fragen und Zweifel, die sich in ihnen unwillkürlich geregt haben und noch regen, nicht fest genug zu halten wissen, und sie sich selbst nicht deutlich genug aussprechen; dass sie eben deshalb viel zu weich, viel zu nachgiebig sind, um es nicht gern zu sehn, wenn man sich nur hergeben will, ihnen das Ohr mit grossen Phrasen zu füllen, — dahingegen sie ungeduldig werden und abspringen, wenn man sie festhalten möchte bei den Schwierigkeiten und Problemen. Was sie sich längst hätten selbst sagen sollen, nämlich, dass es sich gehöre, *selbst zu denken:* das *lernen* sie auf mündlichem und schriftlichem Wege. In der That, sie lernen es *gern,* — denn es ist schmeichelhaft, seine Ueberzeugungen nur sich selbst zu verdanken, und Niemanden darüber Rede stehn zu müssen; — es ist leicht, es ist sehr verführerisch, die eignen Einfälle unter dem Namen von erfundenen Wahrheiten, die eignen Neigungen unter dem Namen von Grundsätzen zu verkündigen! — Aber auch diejenigen, welche sich frei erhalten von solchem Misverstande der Arroganz, woher werden sie den *Schwung* gewinnen zum Selbstdenken? Um ihn mitgetheilt zu empfangen, lassen sie sich die erste beste Lectüre gefallen, welche der Zufall darreicht. Sie lesen weiter und weiter; so oft ihnen die Gedanken ausgehn, muss das Buch für sie denken. Am Ende fassen sie Meinungen von dem was sie gelesen haben, und vergleichen diese Meinungen mit den Meinungen Andrer, die etwas Anderes gelesen haben. Es entsteht Gespräch, oder Wortwechsel, aber keine Mittheilung der Gedanken, denn die Aufmerksamkeit und die Sprache eines Jeden ist in seinen Kreis gebannt. Dieser Kreis ist desto *enger*, je früher vielleicht eine ungewöhnlich starke Denkkraft die erste zufällige Lectüre abbrach, um ein *zunächst aufgerafftes* Problem sogleich für sich zu verarbeiten. Im entgegengesetzten Falle, je mehr der zusammengelesenen Masse angehäuft war, die nun zur Anordnung strebt, desto mehr wird das Denken ein blosses Meinen. Aber was Wunder, wenn das auf so zufällige Impulse hin erfolgte Denken sich mit dem Leben, mit dem Herzen, mit den Bedingungen äusserer Wirksamkeit nicht vertragen will?

Vielseitige Kenntniss der Probleme, unmittelbar geschöpft aus dem Leben und den Wissenschaften: das ist die rechte Quelle des Philosophirens. Jünglinge, welche in der Mitte der Studien, und der wissenschaftlichen Schätze sich finden, werden sich von allen Seiten zum Forschen aufgeregt fühlen, sobald sie darauf merken mögen. Für sie haben sich die Fächer noch nicht so sehr vereinzelt, dass ihnen die Philosophie eine besondre Wissenschaft sein dürfte, der ein eigner, abgemarkter Winkel ihres Gemüths gehörte. Für sie ist die Zeit der Resultate noch fern, die Periode des Suchens noch lang; sie dürfen die mancherlei Quellen des Forschens noch reichlich in sich einströmen lassen; und haben alle Ursache, einer späten Ueberzeugung vor einer frühen Beruhigung den Vorzug zu geben. In den Jahren des Muthes ziemt es sich, Muth zu fassen gegen das innere Schicksal; denn das Leben in der inneren Welt ist den Schicksalen ausgesetzt wie das in der äusseren.

Mehr nicht lässt sich hier sagen, wo keine Bekanntschaft mit einem planmässig eingerichteten Lehrcursus vorausgesetzt werden kann.

Wir nehmen nun an, es sei dem philosophischen Studium, gleichviel welches Gegenstandes, gelungen, eben diesem seinen Gegenstande irgend einen *Hauptbegriff* — abzugewinnen, der ihn beherrscht; gleichsam eine der Axen, um die er sich drehen lässt. — Die Axe herauszuziehen, und abgesondert zu betrachten, ist, nach dem Obigen, der erste, wesentliche Schritt, wodurch eigentliche Philosophie vorbereitet wird. Zwar nicht für solche, die nichts merken von den innern Schwierigkeiten des herausgehobenen Begriffs. Sondern nur für diejenigen, welchen es fühlbar wird, auch diesen Begriff erwarte noch eine Bearbeitung, eine Auflösung; er müsse noch irgend ein Wunder, irgend ein Geheimniss in sich verbergen. Alsdann lässt sich erwarten, dass es nun die erste Angelegenheit sein werde, das Geheimniss aufzudecken. Jedoch es ist gar sehr die Frage, ob sich dasselbe dem blossen Grübeln, ohne Uebung und ohne Methode, — werde hingeben wollen.

Die Menschen lieben die Geheimnisse; aber nur weil sie ihnen zu rathen und zu deuten geben. Das Forschen ist eine andre Arbeit. Der Grübler wird sich wohl an jener Axe auf irgend eine Weise versuchen; er wird daran drücken, schrauben, biegen; dann sie wieder an ihren Ort stecken und zusehn, wie sich nun das Ding, dem sie gehört, anders darum drehen werde als vorhin, — wenn es überall sich noch drehen lässt.

Mit andern Worten: er wird sich *den gefundenen Begriff auf irgend eine Weise bestimmen*, nach Einfall, Ahnung, Neigung, oder vielleicht nach dem Antriebe irgend einer halb verstandnen philosophischen Nothwendigkeit. Dem gemäss wird er *den Gegenstand, welchem der Begriff gehört, weiter bestimmen;* und sich nun des Schöpfungsactes erfreuen, durch welchen er den Gegenstand dahin gebracht hat, jetzt anders zu erscheinen als vorhin.

Kommt ein wenig Phantasie dazu, so werden alle ähnlichen Gegenstände sich der nämlichen Operation unterwerfen, alle benachbarten sich der neuen Einrichtung gemäss rücken und fügen müssen.

Etwas sehr Vornehmes wird dadurch gewonnen sein, nämlich eine *philosophische Ansicht*. Davon tiefer unten weiter!

Wo lag hier der Fehler? Ohne Zweifel darin, dass es an Ruhe, Geduld, Sorgfalt und Regel gebrach, die *wahre Construction des Problems* auseinanderzulegen, und alsdann die Forderungen zur Auflösung *genau so* zu vollziehen, wie *es selbst* sie angiebt.

Fehler dieser Art haben die grössten Denker nicht ganz vermieden; und zuweilen machen diese Fehler ihrem Herzen Ehre. Ja, sie haben es wohl laut heraus gesagt: dass, nachdem sie nun *so tief* schon eingedrungen waren in die Natur der Aufgabe, sie gewisse Punkte nicht weiter im Raisonnement zu verfolgen gesonnen seien, — lediglich darum, weil sie nicht *wollten.* Sie wollten nämlich nicht, weil sie sich vor einem unheiligen Beginnen fürchteten. Aber hätten sie immerhin diejenige Dreistigkeit behaupten mögen, welche dem Wahrheitsforscher wesentlich ist. Das Heilige verändert darum seine Natur nicht. Auch kann es nicht fehlen, dass, nachdem eine Forschung unrichtig vollendet ist, der dadurch entstellte Begriff auch den Gegenstand entstellt, dem er angehört, welche Entstellung immer weiter um sich greift, und sich endlich aller Orten verräth — wenigstens den unbefangenen Zuschauern.

Vermeidung jener Fehler — folglich *reine Hingebung*

an die Natur der Probleme, ist der Anfang der *Speculation*. Diese wird wohl irgend einmal auch eine philosophische Ansicht geben. Diese Ansicht wird weder von dem Heiligen verurtheilt, — noch von der Phantasie verlassen sein, welche letztre wenigstens nur ihre eigne Armuth anklagt, wenn sie die Geschicklichkeit preist, womit sie der *alten Fabel* zu dienen nun einmal *gelernt* hat.

Aber, hinweggesehn vom zufälligen Schmuck: was will die Speculation, als ihr eigenthümliches Product, erzeugen? Es ist die *Wissenschaft*. Wissenschaft aber ist die Heerstrasse durch den Wald des überall wild aufschiessenden Raisonnements.

Wissenschaft ist Sache des Bedürfnisses. Sie ist das nothwendige Mittel der Communication unter Geistern.

Bis jetzt muss das irdische Gastmahl die Menschen versammeln, wenn sie mit einander einträchtig froh sein sollen. Giebt es etwas mehr Beschämendes? Man sieht sie sich erheben über den Sinnengenuss, um — entweder zu streiten, oder sich zu isoliren! —

Wenn irgend eine *geistige* Angelegenheit, als nahe liegende Forderung, Anspruch hat an unsre erste Arbeit und unsre frischesten Kräfte; wenn nicht alles, was wir besitzen und vermögen, hinabgestürzt werden muss als Opfer in den Schlund der äussern Drangsale; wenn noch ein freies Werk uns beschäftigen darf, — wenn, vielmehr, das höhere Ziel nie vergessen werden *soll*, wenn die Entwürdigung, die in diesem Vergessen läge, selbst die Versicherung des Ruins wäre: so muss *Verständigung* das Erste sein, wornach wir zu ringen haben; Verständigung, nicht der Worte und Ausdrücke, sondern der *Denkungsarten;* Verständigung, nicht durch willkürliche Aussöhnungen, die bei der ersten Anwandlung neuer Willkür wieder zerfallen, sondern durch Verdeutlichung *derjenigen Begriffe*, welche den Streit fortdauernd ernähren, und die Wohlmeinendsten, die Vortrefflichsten getrennt erhalten. Diese Verdeutlichung ist nicht die Sache einer durchdringenden Rede, sondern der ruhigen Entwickelung; nicht zu erwarten vom Genie, oder, was dasselbe heisst, vom Glück, sondern vom Fleiss und von der strengsten Besinnung. Oder auf welches grössere Genie wollen wir warten, nachdem die Jahrhunderte, und unsre eigne Zeit, vergebens die eminenteste geistige Energie, und Phantasie, und Gelehrsamkeit aufgeboten haben, — nur, wie es scheint, um den alten Streit zu mehren? Aber *das* muss jedem offenbar sein, der mit eignen Augen in die dunkeln Tiefen hinabgeblickt hat, dass hier noch viele Wege unbeschritten, viele Versuche unversucht geblieben sind. Zwar auch dies möchten einige leugnen. Es giebt ja Systeme, die da untrüglich sein wollen, die sich ewig gleich zu bleiben behaupten, während sie vor unsern Augen sich hin und her ziehen, und in immer neuer Gestalt aufzutreten nöthig finden. — Wir erinnern uns, worüber wir zu sprechen haben! Zuerst nämlich über philosophische Ansichten. Dann über Speculation; und endlich über Philosophie als Wissenschaft.

I.

UEBER PHILOSOPHISCHE ANSICHTEN.

Reicher ist die Ansicht, als Speculation und Wissenschaft; darum beliebter. Erfüllt sein will das menschliche Gemüth; ergriffen, entzückt, bestürmt, überwältigt. Die Grösse eines Gemüths wird geschätzt nach seiner Capacität für das Ueberschwengliche.

Wie ein ächter Schwimmer von der Höhe hinunter springt über Kopf in's Meer: so lieben unsre jungen Denker sich zu versenken mit Einem Absturz in's Universum. In dem Grunde seiner Tiefen schauen sie bei verschlossenen Sinnen mit Geisteraugen die schwarze Nacht des ewigen Todes, und die grimmigen Gluten der Hölle, welches beides Eins ist mit dem Einen Feuerbrande des unendlich zerspaltenen Lebens, und dem Einen Licht der alldurchstrahlenden Liebe. Dort erstarken sie an der Urkraft, welche das Recht ist, weil sie den Zwang nicht kennt; und welche das Heilige ist, schlechthin darum weil sie Ist!

Diese Weisheit beweist sich ohne Beweis, denn das Räsonnirvermögen ist unverständig vor der schauenden Vernunft.

Blöder jedoch und matter werden allgemach die geistigen Augen; man setzt sich zur Ruhe, zu singen das Lob der göttlichen Faulheit in abgebrochenen Lauten. —

Natürlich ganz anders geht Alles zu bei denen, welchen philosophische Ansichten nur zu Theil werden durch Begriffe.

Je mehr diesen letztern das Stehen lieb ist auf ihren festen Füssen; je entschiedener sie das Reine vorziehn dem Starken, und je wirksamer in ihnen der Trieb ist, alles Verfälschte zu entfälschen, dass es sich scheide in seine lautern Elemente: desto bestimmender wird für sie ein jeder Begriff in der Sphäre, worin er gilt; desto sicherer entfernt er durchaus alles, was ihm zuwider sein könnte; desto unfehlbarer also auch muss jede Veränderung, die er selbst im fortgesetzten Nachdenken erleiden möchte, — sei es zum Beibehalten, oder nur zum Versuch, — ihren Einfluss erstrecken durch die ganze Region, worin es Anwendungen dieses Begriffs geben kann.

Unterschieden haben wir hier den Begriff, als das Bestimmende, das gleichsam Active, — von der Sphäre des Begriffs, als dem durch ihn zu Bestimmenden, dem Passiven.

Und hier muss vorausgesetzt werden, dass man die Activität der Begriffe kenne, und in sich gespürt habe. Wer denn auch hätte wohl sich niemals versucht, — von Einem Hauptbegriff *auszugehn*, im Denken, und alsdann so weit als möglich fortzuschreiten, um wahrzunehmen, was alles sich nach demselben richten müsse, und *wie* es ihm *Folge leiste*, — *welche Folgerungen*, nach gewöhnlichem Ausdruck, sich aus ihm ergeben?

Es ist zu bemerken, dass diese Wendung im Denken nicht völlig die nämliche ist, wie jene, oben erwähnte erste Aeusserung des philosophischen Geistes, das Streben nach Einheit in dem Mannigfaltigen. Dort steht man *mitten in* dem Mannigfaltigen, und sucht es zusammenzufassen; hier liegt der Standpunkt, auf den man sich zuerst stellt, ausser dem Mannigfaltigen, in welches man jetzt eben hinein schreitet, sich seiner zu bemächtigen durch die schon mitgebrachte vereinigende Gewalt. Dort also ist die Einheit das letzte was man gewinnt, hier das erste was man hat. Daher pflegt nun dort die Einheit mangelhaft zu sein; sie wird nur so gut, wie man sie eben gewinnen kann aus dem vorhandenen Mannigfaltigen; — und so pflegen denn die allgemeinen Reflexionen, die guten Lehren, welche sich abstrahirende Köpfe, bei Gelegenheit andrer Studien, aus denselben nehmen und merken, gar sehr an Unbestimmtheit und Vieldeutigkeit zu leiden, und den Philosophen schlecht zu befriedigen. Hinwiederum hier, bei dem Ausgehn von einem festgesetzten Begriff, pflegt wohl ein Theil desjenigen Mannigfaltigen, das man durch ihn zu beherrschen unternahm, sich dawider aufzulehnen, es pflegt Streit zu entstehn zwischen der Erfahrung und dem Begriff; — und die Erfahrnen erklären sich alsdann gegen die philosophische Ansicht, und gegen die Autorität, die sie zu erlangen gemeint hatte.

Ueber dergleichen Streitigkeiten haben wir an diesem Orte noch nichts zu sagen. Einer philosophischen Ansicht, als einer solchen, ist es nicht einmal wesentlich, ob der Hauptbegriff, von dem sie abhängt, Werth habe, und *welchen* Werth er haben oder nicht haben möge. Davon unten, wo von der Speculation die Rede sein wird. Für jetzt beschäftigt uns bloss das Verhältniss *zwischen* einem *möglichen, angenommenen* Hauptbegriff, und der Region dessen, was durch ihn zu denken und zu bestimmen sein wird.

Soll die philosophische Ansicht zu Stande kommen: so muss das Mannigfaltige dem Begriff gehorchen, — und immer anders und anders gehorchen, wofern etwa in ihm selbst Veränderungen Statt finden möchten. Das aber erfordert eine grosse Gewandtheit und Biegsamkeit unsrer Gedanken. Gemüthsbewegungen mancherlei Art werden dabei vorgehen; wechselnd zwischen Lust und Unlust. Es wird Zeit kosten, ehe sie sich vollenden. Ueberlegen wir das verweilender!

Die beiden ersten Bedingungen der Erzeugung einer philosophischen Ansicht ergeben sich unmittelbar aus dem Vorhergehenden. Zuvörderst: der Hauptbegriff muss *verstanden* sein, — tief und innig verstanden, denn er soll wirken als eine Kraft durch das ganze Feld des durch ihn zu bestimmenden Mannigfaltigen. Demnächst: man muss dies Mannigfaltige *besitzen*; man muss es kennen, durch Erfahrung, durch Unterricht, durch Lectüre, vielleicht durch Empfindung; — man muss es reichlich besitzen, oder die Ansicht wird ärmlich ausfallen; man muss dessen fortdauernd erwerben, wenn die Ansicht sich fortdauernd soll erweitern können; wie viel aber desselben nöthig sei, lässt sich gar nicht festsetzen, denn immer neue und neue Gegenstände können in die Sphäre eines Begriffs fallen.

Die Wirksamkeit des Begriffs nun wird nicht auf einmal, wie mit einem Zauberschlage, sich durch das gesammte Mannigfaltige verbreiten. Vielmehr dürfte es gerechtes Mistrauen erwecken, wenn Jemand sich eines plötzlichen, *Alles* erhellenden Lichts rühmte, — ohne Zweifel einer Ueberraschung, welche auch nicht einmal *Vieles* zugleich zu betrachten gestatten würde. Sondern eine successive Besinnung wird dem Begriff das Mannigfaltige vorführen, und zwar nach den Gesetzen der Association, und genau gemäss denjenigen Associationen, welche dieses bestimmte Mannigfaltige schon zuvor im Gemüthe erlangt hatte. Aber nicht unfreiwillig, und von selbst, bleiben die Associationen in der Sphäre eines bestimmten Begriffs, sondern darum eben geht das Denken nie ohne einige absichtliche Bemühung von Statten, weil die Phantasie von ihren Abschweifungen immer zurückgeführt werden muss in das vorgezeichnete Feld. Selbstthätiger Sorgfalt also wird es bedürfen; vielleicht eines anhaltenden Fleisses, einer angestrengten Arbeit, welche mit Erholungen wechselt und dennoch die Ermüdungen nicht vermeidet.

Sucht bei denjenigen keine Consequenz, welche den mühelosen Lauf ihres Denkens preisen! Consequenz ist etwas so Wünschenswerthes, dass sie gemein sein müsste, wäre sie leicht zu erhalten; sie wird aber viel öfter gefordert als gefunden, viel öfter versprochen als geleistet. Wollt ihr den Beweis? Durchgeht die Geschichte der Philosophie, ja aller Wissenschaften, oder, wenn ihr lieber wollt, betrachtet das menschliche Handeln.

Vielmehr ist zu erwarten, dass eine gewissenhafte Wachsamkeit die wilden Einfälle oft werde zurückweisen, dass der Sporn des Vorsatzes, — das strenge Wollen: *Licht soll aufgehn in meinem Denken!* — häufigen Anstoss werde ausüben müssen gegen die Trägheit, die das unvollendete Bild so viel leichtsinniger bei Seite legen würde, da es ja nur ein Gedankenbild ist, durch dessen Halbheiten das sinnliche Auge nicht beleidigt werden kann. —

Aber nicht immer nur Mühe und Pein ist die Empfindung dessen, der eine Ansicht in sich rein auszuarbeiten bemüht ist. Nichts weniger. Ihn begleitet die Hoffnung, ihn erfreut das Gelungene; es ahnen ihm baldige Aufschlüsse. Und werden ihm denn die Resultate, welche sich ergeben, gleichgültig sein? Jenes Mannigfaltige selbst, welches er durch den Begriff bearbeitet, war ihm doch hoffentlich schon an sich interessant. Er hatte es sich doch hoffentlich angeeignet, schon indem er es erwarb; er hatte sich assimilirt, was er las, lernte, beobachtete, empfand. Wie sollte er jetzt unbekümmert sein, was daraus werden möge, indem es den mächtigen Einflüssen des bestimmenden Begriffs preisgegeben ist? — Er hatte ohne Zweifel schon früher den Trieb empfunden, Einheit in diesem Mannigfaltigen von innen heraus zu schaffen; es waren ihm schon diese und jene allgemeine Reflexionen daraus aufgestiegen. Solchen Reflexionen wird der jetzt hinzutretende Begriff theils zusagen, theils sie verschmähen und ausstossen. Davon wird unfehlbar das Gemüth afficirt. Möge es nur nicht allzuweich sein, — sich verschliessen vor unwillkommnen Consequenzen, und angenehme Resultate den wahren unterschieben. Das ist auf keinen Fall erlaubt; hingegen vollkommen gestattet bleibt es, den Hauptbegriff selbst in Anspruch zu nehmen, und seine eigne Gültigkeit neuen Prüfungen zu unterwerfen. Aber auch dies behagt zuweilen nicht. Vielleicht hatte er schon einige freundliche Winke gegeben; diese würden, wie sich versteht, wegfallen, wenn man ihn aufgäbe. Jedoch, die Hauptsache ist, dass man ihn gar nicht aufgeben kann und darf, wenn seine eignen speculativen Gründe ihn sicher tragen; eben so, wie man *gegen* ihre Entscheidung ihn nicht würde beibehalten dürfen.

Gesetzt indessen, man nehme in ihm selbst, sei es auch nur zum Versuch, irgend eine Veränderung, irgend eine neue Bestimmung vor: so fängt alsdann die ganze frühere Arbeit wieder von vorn an. Wieder von neuem muss nun das Mannigfaltige in successiver Besinnung dem Begriff dargeboten werden, um zu sehn, wohin der Einfluss seiner Veränderung reiche, wohin nicht. Vielleicht wendet man ein: dies werde wenigstens jetzt sehr wenig Mühe machen, indem man ja schon im Allgemeinen das Mannigfaltige dem Begriff anzupassen gelernt habe, die Hauptpunkte, die aus jenem hervorgehoben werden müssen, schon kenne; daher für die neue Vergleichung das Meiste bereit liege. Aber es fehlt viel, dass eine solche Annahme allgemein zutreffen sollte. Sehr oft findet es sich, dass ganze Partien des Mannigfaltigen in Schatten gestellt wurden durch den Begriff, — dass er durch eine einzige, in ihm liegende Verneinung die Aufmerksamkeit abgewendet hatte von dem, was doch sogleich sichtbar zu werden anfängt, sobald eine anscheinend geringfügige Veränderung seiner Bestimmungen jene Verneinung hinweghebt, und den Schatten — anders wohin wirft. Was vorhin gar nicht nöthig war in Betracht zu ziehn, was für die erstere Ansicht ganz ignorirt werden konnte, das tritt vielleicht nun mit einer ganzen Reihe von Consequenzen hervor, und es entsteht die Aufgabe dieselben einzeln zu mustern. So fordert die zweite Ansicht eine Ausbildung für sich; woraus zufälliger Weise wieder ein Gewinn für die erstere hervorgehn kann.

Bedenkt man, dass neben der zweiten eine dritte stattfinden möchte, neben der dritten eine vierte und so ferner, wenn nämlich immer neue Bestimmungen in dem Hauptbegriff gemacht würden: so muss man wohl schon hier aufmerksam darauf werden, wie nothwendig es ist, der Ausarbeitung dieser

Ansichten die speculative Kritik des Hauptbegriffs selbst vorangehen zu lassen, um vorher zu wissen, bei welcher Ansicht es bleiben werde, und nicht einem endlosen Gedankenspiel sein innerstes Interesse preiszugeben, wobei dasselbe doch nothwendig seine natürliche Energie würde einbüssen müssen. Es ist gross, das Liebste der Wahrheit zu opfern, sobald die Kennzeichen der Wahrheit hervortreten; aber es ist verderblich, sich an seiner Liebe unnütz zu schaden. — Sollte nun, aus andern Gründen, der Speculation selbst eine Vorübung vorangehen müssen, welche durch verschiedene Ansichten führte: so würde es Gesetz für eine solche Vorübung sein, durch jede der Ansichten das Gemüth nur leicht zu berühren und durchaus zu verhüten, dass keine derselben in der *Empfindung* tiefe Spuren zurücklassen könnte. —

Möchte es aber bleiben bei einer einzigen Ansicht, so erhellet, dass dieselbe auf die Auffassung des Mannigfaltigen in so fern unvortheilhaft wirkt, wiefern sie die Aufmerksamkeit darauf sehr ungleichförmig vertheilt. Dies um so mehr, da ohne Zweifel, was dem Hauptbegriff sich zunächst anschliesst, am meisten durch seine Kraft hervorgehoben wird, die entfernteren Folgerungen hingegen, je entlegener sie sind, mit desto zerstreuterem Bewusstsein aufgenommen werden. — *Ist die Kraft des Begriffs recht gross*, so kann er die schönste, noch so vielseitig begonnene Bildung in Einseitigkeit verwandeln! Seiner Tendenz dahin ist die Schwüle zuzuschreiben, welche allgemein gefühlt wird, wenn eine einzelne Ansicht sich vorzugsweise geltend macht im Publicum. —

„Schlimme Folgen! Warnende Bemerkungen!"

Vielleicht; aber *muss* denn unvermeidlich Alles den eben beschriebenen Gang nehmen?

Nicht einmal *pflegt* es so einfach herzugehen mit der Bildung philosophischer Ansichten. Gewöhnlich geschieht entweder mehr, oder weniger.

Mehr loisten diejenigen, welche wirklich eines kräftigen Begriffs mächtig geworden sind, den sie innig verstanden, deutlich gedacht, rein herausgehoben haben aus allen anhängenden Nebengedanken, welche ihn stören und um die scharfe Bestimmtheit seiner Wirksamkeit hätten bringen können. Solche Köpfe nämlich erzeugen etwas, das man herabsetzt, wenn man es eine Ansicht nennt; sie erzeugen ein System; und das Auszeichnende des Systems liegt in der grössern Freiheit des Geistes, welche in der Zusammenfügung desselben kenntlich wird. Ist die blosse Ansicht voll von den Spuren zufälliger Associationen, hat der Fleiss, der gute Vorsatz, der sie hervorbringen half, genug zu thun gehabt, nur gegen das Eindringen heterogener Einfälle sich zu stemmen und widerstrebende Empfindungen zur Resignation zu bewegen: so äussert sich dagegen im System die Kraft irgend einer Methode, als positive Kraft, Gedanken zu schaffen für den Platz, wohin sie gehören; es zeigt sich darin etwas von *nothwendigem Zusammenhange*, oder was wenigstens dafür gelten will, und die Schätzung desselben und das Streben darnach verräth. — Wer nur in sich selbst systematischen Geist besitzt und also fähig ist, darüber zu urtheilen: der wird einsehen, dass in der Cultur der Methode das Gegenmittel enthalten sein muss gegen die Verkehrtheiten der Systeme, indem eine vollkommene Methode weder gestatten würde, auf einem unsichern Grunde zu bauen, noch über dem Grunde ein Gebäude von unsicherer Construction aufzuführen. Das systematische Streben also darf nur fortschreiten, um sich selbst zurechtzuweisen; und wenn dies Einzelnen nicht gelingen will, so haben sie theils ihre Vernachlässigung der Methode anzuklagen, theils können ihre Bemühungen als ein Opfer angesehen weren, das sie dem Ganzen bringen, und das auf keinen Fall verloren sein wird, indem geistreiche Irrthümer immer durch den Antagonismus, den sie erzeugen, der Wahrheit näher führen.

Weniger hingegen, als was vorhin für die Bildung philosophischer Ansichten gefordert wurde, leisten gar Viele, schon allein deshalb, weil überall kein deutlicher, rein von allen Nebengedanken gesäuberter Begriff in ihren Besitz gekommen ist. So ist es dann auch nicht Ein Hauptbegriff, was ihre Ansichten bestimmt, sondern eine verworrene Menge von Halbbegriffen treibt sie hierhin und dorthin. Je schwankender aber das herrschende Princip, desto mächtiger werden die Kräfte, die sich unterordnen sollten. Es erheben sich, aus diesem und jenem Punkte des Mannigfaltigen, wirksame Reize, es sprechen die Empfindungen mit, die frommen Wünsche bekommen eine Stimme, — und das Resultat, wenn man anders diesen Namen brauchen darf, schimmert und schillert von einem so vielfarbigen Glanze, wie es gerade recht und dienlich ist zur Ergötzung eines ungebildeten Auges. — Solche sind demnach sicher genug durch ihre eigne Schwäche vor jener gefürchteten Einseitigkeit.

Es ist hier der Ort zu erinnern, dass gerade dasselbe, was, zufälliger Weise, die eben bezeichnete Schwäche, als Schwäche, Gutes leistet, auch gewonnen werden könne und zwar viel vollkommner, auf eine tadellose Weise. Nämlich, es verstand sich doch wohl von selbst, dass, als wir vorhin von Einem Hauptbegriff redeten, darunter nicht dieser oder jener bestimmte Begriff gedacht werden sollte; — wie wenn es überall nur ein einziges Princip für philosophische Ansichten geben könnte, welches eine speculative Behauptung wäre, die wir, beiläufig gesagt, läugnen, die aber auch hierher gar nicht gehören würde. — Es blieb also unbenommen, *einen* Begriff als Princip für *eine*, dagegen einen *andern* für eine *andre* philosophische Ansicht anzunehmen, einen *dritten* für eine *dritte*, und so fort. Eben so könnte *eine* Partie unseres gesammten Gedankenkreises das Mannigfaltige hergeben für *eine*, irgend eine *andre* Partie für eine *andre*, eine *dritte* für eine *dritte* Ansicht, u. s. w. Es würde alsdann unser ganzer Gedankenkreis die Summe in sich fassen von allen den so gewonnenen Ansichten, deren jede sowohl aus eignem Stoff, als auch durch ein eignes bildendes Princip entstanden wäre.

Möchte nun immerhin jede von ihnen, für sich, einseitig sein, so wären wir wenigstens, wegen der Vielheit derselben, vielseitig zu nennen. Freilich eine traurige Vielseitigkeit, deren Vieles wohl nie zur Allheit sich vereinigen dürfte! Aber ein wenig logische Aufmerksamkeit, zu der es kaum einer *gelernten* Logik bedarf, kann uns entdecken, dass jede Partie unseres Gedankenkreises ein *Geflecht* von Begriffen ist, die sich darin auf's mannigfaltigste kreuzen, verknüpfen, bestimmen, dergestalt, dass eine solche Partie *nicht bloss von Einem*, sondern *Dieselbe Partie von Mehrern Begriffen* werde beherrscht werden können, nach deren Bestimmungen sich richtend, sie immer *von andern und andern Seiten her* philosophische Ansichten darbieten wird. Daraus nun entspringt die ächte philosophische Vielseitigkeit; ohne Zweifel einer der köstlichsten Vorzüge eines gebildeten Geistes.

Es war vorhin schon von mehrern Ansichten des nämlichen Mannigfaltigen die Rede; aber von mehrern *entgegengesetzten*, welche erfolgen, wenn man den Hauptbegriff in einigen seiner Merkmale verändert. Solche können als Uebungsversuche, oder um sich einzulassen in die Denkungsart anderer Personen, einen zufälligen Werth haben; allein die *wahre* Ansicht kann unter entgegengesetzten nur Eine sein. Hingegen jene mehrern Ansichten von mehrern Seiten, — das heisst, durch mehrere Begriffe, — können *alle zugleich* richtig sein, *und sie gehören alsdann zusammen zur vollständigen Wahrheit.*

Diejenigen hingegen, welche von irgend einer Region des menschlichen Wissens nur aus Einem Begriff Eine Ansicht gewonnen haben, sind zweien Fragen bloss gestellt: erstlich der, warum sie gerade diesen und keinen andern Hauptbegriff wählten, zweitens der nach der richtigen oder unrichtigen Bestimmung des gewählten Begriffs. Sie mögen sich hüten, nicht durch vornehme Kundmachung *Ihrer* Ansicht, die zwar wohl eine sehr *besondre* Ansicht sein mag, — kleinlich zu erscheinen.

Der Punkt ist erreicht, wo wir die Frage auffassen können: was es sein möge an der Philosophie, das die Erfahrnen so allgemein und so heftig abstösst?

Oder ist etwa diese Frage gar keiner gemeinschaftlichen Erörterung fähig? Ekelt es die Philosophen so sehr vor der Seichtigkeit des Empirismus, — dringen ihre schneidenden Behauptungen so widrig an das Ohr der Erfahrnen, dass beide sogleich zurückzuspringen nicht umhin können, sobald man sie bittet, etwas mit einander zu überlegen? — Es sind so viel harte Worte von beiden Seiten gegeben, und die gegebenen mit solchem Ingrimm in die tiefe Seele zurückgelegt und aufbewahrt: dass man hätte denken sollen, beide Parteien gedächten nächstens nach entgegengesetzten Seiten hin auszuwandern, und den Boden zu meiden, den ihnen die böse Nachbarschaft verleidet hat. Aber vielleicht hoffen sie, dass der Fluss ablaufe! — Wahrlich, deutscher Geist, so lange er noch eigne Bewegung hat, wird das Denken nicht aufgeben; er kann darin nur fortzuschreiten und sich selbst zu berichtigen streben. Und die Erfahrung — eher müssen die Menschen vergehen, ehe *sie* ihre sichere Wirkung verliert. Für jetzt neckt sie beide Theile, indem sie herbeiführt, was weder die Einen in den Büchern der Zukunft, noch die Andern in den Büchern der Vergangenheit gelesen hatten.

Das Anstössige der Philosophie kann nicht liegen in ihr, so fern sie Wissenschaft ist oder auch nur Speculation. Denn da sind die Philosophen allein; und die Erfahrnen kommen gar nicht so weit in deren Sphäre. Sie bilden sich auch nicht etwa ein, so weit hin zu reichen mit ihrem Urtheil. Man muss die ächten Erfahrnen nicht kennen, um ihnen Unbescheidenheit zur Last zu legen; dieser Fehler bleibt den Philosophen, die ihn kaum vermeiden können. —

Auch da kann der Anstoss nicht liegen, dass etwa, wenn es zum Handeln käme, die Philosophie Vorschriften aufzudringen sich unterstünde, nach denen man, *auch ohne eigne Ueberzeugung*, verfahren sollte. Oder, käme je etwas dem

Aehnliches zum Vorschein: so müsste man hier die Philosophie unterscheiden von dem Menschen, der aus Uebereilung ganz von ihrem Geiste abgewichen wäre, indem er *ohne Gründe* anzunehmen verlangte, was ihm nur *durch Gründe* Wahrheit geworden ist. Die Uebereilung wäre soviel grösser, da es dem Denker in den Fällen, wo er wirklich Recht hat, selten unmöglich ist, dem ruhigen Beobachter durch empirische Mittel, als durch Hinweisung auf Thatsachen, oder Kritik derselben, oder durch Proben im Kleinen, *den* Grad und *die* Art von unmittelbar praktischer Ueberzeugung, welche dieser sucht, zu verschaffen; — ungerechnet noch das Zutrauen, was dem denkenden, nur nicht ungestümen Kopfe allmählig entgegenzukommen pflegt.

Aber da liegt der Anstoss: wenn beide auf dieselbe Stelle hinschauen, so sieht der Eine tiefer, der Andre mehr. Der Eine sieht durch den Begriff, — und *was* dadurch zu sehn ist, viel vollkommner und bis in's Innere; aber es kann ihm begegnen, nicht zu sehn, was eben so sichtbar dicht daneben liegt. Dass er nun dies nicht Wort haben will, sondern sich ereifert, wenn man ihn dessen zu zeihen unternimmt: ist ganz natürlich. Er müsste eben sehen, um zuzugeben, dass man Recht habe. Er wird aber nicht eher sehen, als bis es ihm möglich wird, *nach seiner Art* zu sehn, das heisst, durch neue Begriffe, die ihm fehlten, und die er um so weniger vermisste, je mehr er mit denen beschäftigt war, die er besitzt. — Nicht besser geht es dem Andern! Ihm ist die Tiefe verborgen, wie jenem die Breite. Und muthet man ihm an, das Tiefere zu sehn, so würde er, wenn er ja sich einliesse, fordern, dass es auf der Fläche erscheine; welches unmöglich ist.

So gerathen sie in Disput. Der Eine verachtet, der Andre lacht; beides bringt Aerger. Und der unbefangene Dritte muss trauern über den Zwiespalt und seine Folgen.

Wie könnte der Streit gehoben werden? Derjenige, welcher sich reicher fühlt an Hülfsmitteln, mag diese Frage gegen sich selbst wenden.

Ohne Zweifel hat der Philosoph sein natürliches Auge nicht verloren; er würde sonst, auch durch den Begriff, gar nichts sehen. Er braucht es nur nicht, weil eine einzelne Vertiefung seine Aufmerksamkeit gefangen hält. Diese Spannung des Geistes muss nachlassen, muss wechseln mit einer andern, — es muss endlich das Resultat der Mehrern zusammengefasst werden in Ein Bewusstsein. Die philosophischen Ansichten müssen vielseitig, — die wissenschaftliche Basis, auf der wir stehn, muss breiter werden.

Stellt um dieselbe Fläche, welche der Erfahrne mit Einem Blicke ganz, und zwanglos, aber auch nur als Oberfläche fasst, mehrere einseitige Philosophen. Sie werden sie durchbohren mit ihren Blicken; aber jeder in eigenthümlicher Richtung.

Eben deswegen werden sie lauter, und vielleicht widriger unter einander disputiren, wiewohl minder schädlich, als mit jedem von ihnen der Erfahrne.

Ob sie, denen speculative Hülfsmittel gemeinschaftlich zu Gebote stehn, sich dadurch werden vereinigen können? Vielleicht, *wenn* sie dieselben gebrauchen wollen; *aber gewiss nicht*, wenn es dahin kommt, dass sie selbst — *Ansichten statt der Gründe einander entgegenzustellen* sich nicht erblöden!

Dies Unheil ist noch zu neu unter uns, als dass man nicht hoffen sollte, es werde vorübergehend sein. So lange es jedoch anhält, muss man seine Massregeln darnach nehmen.

Weigerung des Eintretens auf den Disput ist die erste dieser Massregeln.

Die zweite: der Gebrauch einer Art von Polemik, welche den Gegner ganz ruhig seinen Anschauungen überlässt, nur aber den Contrast hinreichend hervorhebt zwischen seinen Gesichten und dem Charakter einer Philosophie, die, von allgemein geltenden Gründen anhebend, im Raisonnement auf der

Bahn der Nothwendigkeit fortschreitet und nicht mehr noch weniger zu wissen wünscht, als was auf solche Weise gewusst werden kann. — Entsagte man auch dieser Polemik, so könnte man nichts vorbringen, das nicht sogleich im Gemüth des Hörers entstellt würde durch Reminiscenzen von jenen Ansichten, die mit so viel angenommener Autorität sich der Köpfe, der Herzen und der Sinne zu bemeistern gesucht haben.

Um nun, ehe wir höher aufsteigen, mit kurzen Worten von philosophischen Ansichten *unsere* Ansicht auszudrücken: so gehören dieselben eigentlich gar nicht zu der Philosophie, (der Wissenschaft,) noch auch nur zum Philosophiren im strengern Sinne, (der Speculation;) sondern die Philosophie umgiebt sich mit ihnen zu beiden Seiten. *Theils gehen* sie ihr *voran*, als Vorübungen. In so fern besteht ihr Werth hauptsächlich darin, dass sie zur Forschung wecken, das Bedürfniss erregen, der wissenschaftlichen Phantasie die erste Gelenkigkeit geben. Dieser Werth steigt, je mehr sie die Probleme der Speculation hervortreten machen; er sinkt, ja er verschwindet, wenn sie diese Probleme verhüllen, verdunkeln, und sich selbst an die Stelle der Forschung setzen, als ob es ihnen gebührte zu entscheiden. — *Theils* hingegen *folgen* sie der Philosophie *nach*, als praktische Resultate. Hier beruhet ihr Werth nicht bloss auf ihrer Wahrheit — wiewohl der ersten Bedingung dieses Werths, — sondern auch, und sehr wesentlich, auf ihrer Vielseitigkeit, durch welche allein sie im Stande sind, sich der Erfahrung anzuschliessen und menschliches Handeln zu leiten. Denn nicht bloss unrechtes, sondern auch einseitiges, die Umstände vernachlässigendes Verfahren pflegt durch verkehrte Erfolge gestraft zu werden.

II.

UEBER SPECULATION.

Wir treten hinein in die Werkstätte eigentlicher Wissenschaft. Sie ward eröffnet, ehe es eine Gelehrsamkeit gab. In ihr wird die Arbeit nicht ruhen, so lange das Selbstgefühl des Geistes dauert.

Ihr fragt nach dem Werk dieser Werkstätte? Schadenfroh vielleicht, wenn, eilig, jeder der Arbeiter sein Product vorwiese, und dann der Tadel aller übrigen auf jeden zusammenträfe? — Nicht also! Unser gemeinschaftliches Werk ist das Wachsen in der Erkenntniss der *Probleme*, welche Natur und Bewusstsein Euch, wie Uns, seit allen Zeiten vorlegten, und erneuert und vermehrt vorzulegen nimmer ermüden.

Dies den Spöttern. Aber wenn nun die Feierlichen herankommen — welche den Enthusiasmus nicht erwarten, sondern mitbringen, — heischend, würdiges Lob zu vernehmen der hohen Weisheitsforschung: werden wir, mit Schonung ihres reizbaren Ohrs, doch gemäss der Wahrheit (*unserer* Wahrheit nämlich) ihnen wenige, nicht gar zu profane Worte sagen können? Es sei versucht!

„Die Speculation sucht das Höchste. Es winken ihr, wie mit Einem Wink, das Erste, das Schönste, das Liebste. Das Winkende mit Einem Namen zu nennen, spricht sie es an als das Heilige."

„Gehorchend dem Wink, ihm ganz ergeben, und los von dem dreisten Sinne, der da fordert und setzt, — erkennt sie allgemach, statt des geahneten Einen, die Dreiheit. Eine reine Form; denn insgesammt wohnen die Drei ausser dem Sein."

„Als Basis, unermesslich, doch nicht starr, schwebt die Ferne zwischen dem Ersten und dem Schönsten; mit solchem Verhängniss, dass, wem sie schwände in Einen Punkt, diesem auch das Liebste, als die Spitze, sich senken würde, zusammenfallend mit jenen in Eins."

„Das Erste lässt sich finden in der Zeit. Es führt zum Sein; und herdurch, wieder in die Zeit; und hin zum ewigen Widerspruch, welcher, ein leeres Nichts, der nichtige Schlüssel ist zu den nichtigen Räthseln der Welt."

„Das Schönste kennt nicht die Zeit; es kennt auch nicht das Sein. Nicht sträubend, aber unwissend, würde es dem Meister folgen zu beidem. Es leidet sogar, sanft wie es ist, verkündet zu werden in harten Orakeln. Sie tönen fort, die rauhen Sprüche! fort durch die Zeit, und hinab in's Herz."

„Sprecht nicht von dem Liebsten. Sucht es nicht bei dem Schönsten. Sucht es nicht bei dem Ersten. Sucht es gar nicht."

„Ueber Allem, und mitten im Sein, ist Er, der Wahre! Durch ihn leuchtet das Dreigestirn in die Zeit, und in die Seelen der Menschen." — —

Wenn es gegründet ist, was einige Philosophen behaupten, dass der Mensch nicht denke, noch denken könnte, ohne innerlich zu sprechen: so müsste man, wahrlich! die Sprache der Mystik cultiviren. Keine passt sich besser zum Monolog; versteht sich, zu dem *wahren* Monolog, bei welchem der Redner, die Bühne und das Parterre im Ich zusammenfallen. Sollte es aber umgekehrt wahr sein, dass, um rein zu denken, man alles Schauspielwesen, und alle

Symbolik aus seinem Inwendigen rein verbannen müsse: so ist nicht wohl abzusehn, wozu eine Sprache dienen könnte, die doch eigentlich Niemand recht versteht, als nur wir selbst.
— Es möchte zwar leicht einen Leser geben, der so gewöhnt wäre an erhabene Schriften, dass ihm das Vorstehende ganz plan vorkäme, nur hie und da etwas schief ausgedrückt. Vielleicht übernähme ein solcher aus Gutmüthigkeit, den Ausdruck ein wenig zu verbessern. Aber es ist darauf zu wetten, dass dadurch für den Schreiber aller Sinn verloren gehen würde. —

Da nun Einiges liegt in dem Gesagten, auf dessen Verständlichkeit für den Zweck dieser Schrift viel ankommt: so werden wir uns bequemen müssen, das Nöthigste in gewöhnlicher Sprache zu wiederholen. — —

Es ist früherhin die niedere Sphäre der Aeusserungen des philosophischen Geistes, als des Triebes nach Einheit, durchlaufen worden. Gesetzt, dieser Trieb fühle das Vergnügen des Gelingens; es sei hier, und da, und dort, Einheit *aus* dem Mannigfaltigen *gewonnen*, und Einheit *in* das Mannigfaltige *getragen*: wird der Trieb sich beruhigen? Wird er stille stehen bei *dieser* Einheit hier, und abermals still bei *jener* Einheit dort, und wiederum still bei der dritten, vierten, fünften, da, und da, und da? Wird er nicht merken, dass die *vielen* Einheiten (Reflexionen, Ansichten u. s. w.), *als Viele*, getrennt und, wie es scheint, auf neue Vereinigung wartend vorliegen? — Wird er zaudern, *Einheit der Einheiten* zu suchen, — so lange aufwärts steigend, bis Alles Eins wird —?

Er wird sie *fordern*, wenn sie sich nicht darbeut. Er wird sie nehmen, wenn sie säumt sich zu stellen; er wird sie setzen, und selbstthätig constituiren.

Zwar, das ist seltsam! Man verlangte nicht irgend eine beliebige und lediglich ersonnene, gehaltlose Einheit; sondern Vereinigung jener schon gefundenen Sammlungspunkte des Mannigfaltigen des menschlichen Gedankenkreises. Diesen bestimmten Punkten also müsste die Einheit, welche *ihre* Einheit sein soll, doch ohne Zweifel entsprechen. Demnach müsste sie entweder aus ihnen hervorgehen, oder es müsste sich irgend ein Höheres zeigen, das mit rechtlichen Ansprüchen, die keinem Zweifel unterlägen, jene als seine Untergeordneten sich zueignete. Wenn beides ausbleibt: wer könnte so thöricht sein, aus leerer Luft ein Band weben, und damit das Getrennte umschlingen zu wollen? Es bliebe ja getrennt, wie zuvor!

Diejenigen, welche unsern neuern Philosophen eine solche leere und baare Thorheit zur Last legen, kennen in der That weder die Natur der Probleme, noch den Gang der neuern philosophischen Geschichte. Philosophisches Streben ist nicht Unbesonnenheit, es ist nur, wie alles menschliche Streben, Misgriffen unterworfen, die zu neuen Misgriffen antreiben. Willkommne Irrthümer zu lieben, und festzuhalten, und auszubilden, — dies kann ihm begegnen. Haben also gewisse Forschungen einmal eine falsche Richtung genommen, so sucht der Einheitstrieb den in Umlauf gesetzten, verworrenen Vorstellungsarten *die* Seite abzugewinnen, welche ihm recht ist; er sucht *die* Stelle, und wäre sie die schwächste, wo möglich zu vertheidigen, wo er sich anbauen kann. Von der Kantischen Einheit der Apperception bis zum Ich, und von da zum Absoluten ist ein gerader Fortgang; er ward sogar nothwendig, — sobald einmal der Eifer entbrannte, der die Nachfolger auf der Spur ihrer Vorgänger so rasch forttrieb, und Niemanden Zeit liess, an die ursprünglichen Probleme zurückzudenken. —

Tiefer in die Geschichte einzutreten, ist hier nicht der Ort. Kundige können sich selbst orientiren, — wenn anders ihnen die Bäume den Wald nicht verstecken.

Für jetzt haben wir zu erwägen, wie wol die höchste Einheit beschaffen sein müsste, um dem Einheitstriebe scheinbar zu genügen?

Zuvörderst: Soll es Einheit der Gedanken sein? oder Einheit der Dinge?

Gehen wir zurück auf die Veranlassungen des Strebens nach Einheit, und auf das Bedürfniss derselben: so sind wir leicht erinnert, dass *beides*, — sowohl Vielheit der *Dinge*, der Erscheinungen und Ereignisse und Stoffe und Kräfte, — als auch Vielheit der *Gedanken*, der Begriffe und Sätze und Ueberzeugungen — uns zerstreut vorschwebt, uns zur Sammlung auffordert, uns als Masse belästigen würde, wenn wir es nicht in den Schatz einer reichen Besinnung zu concentriren verstünden. Es ist auch schon vielfach gelungen, sowohl im Reich der Dinge als im Reich der Gedanken hier und dort Manches auf Einheit zu bringen; niedere Einheiten beiderlei Gattung sind schon gewonnen, und streben zur höchsten Vereinigung. Wir bedürften also gewiss eben sowohl einer höchsten Einheit für unser Denken, als für die Dinge; wir bedürften eines ersten Princips aller Wissenschaft, und eines obersten Hauptes der gesammten Natur.

Eine Frage, die hier ganz nahe vor uns liegt, können wir nicht umhin zu berühren, diese Frage nämlich: sind denn das Reich der Gedanken und das Reich der Dinge zwei, ganz gesonderte Reiche, und ist es ein völlig zwiefaches Bedürfniss, welches in jenem, und welches in diesem nach Einheit verlangt?

Es sei gefunden *Eins*, in welchem alle Erscheinungen, Ereignisse, Stoffe, Kräfte, so viel man deren mag annehmen müssen — zusammen hängen. Es sei gefunden *Noch-Eins*, in welchem alle Begriffe, Sätze, Meinungen, Ueberzeugungen concentrirt sind: werden diese beiden vollkommen Zwei sein?

Gesetzt, sie wären Zwei, so werden wir uns doch nicht verbergen können, dass diese beiden höchsten Einheiten von Einem und demselben Einheitstriebe gesucht wurden; — dass wir selbst es waren, welche darnach fragten, und dahin arbeiteten; dass wir selbst sie in unser Bewusstsein, — und Jedermann hat nur Ein Bewusstsein, welches Er Sich zuschreibt,

— aufnehmen und zusammenfassen werden. Sollen wir sie nun da einander gegenüber stellen? Oder sollen wir auch sie wieder vereinigen?

Dass der Einheitstrieb für das letztere ist, versteht sich von selbst. Er hat alsdann, wie es scheint, nicht nöthig, beim *Ableiten aus der Einheit* — sich sorgfältig an den Unterschied der *Ideal*-Gründe und der *Real*-Gründe zu erinnern, — die Kette der *Folgerungen im Denken* rein zu trennen von der Kette der *Ereignisse in der Natur;* es werden ihm wohl die Fragen nach der Möglichkeit des Raisonnements, und die Fragen nach dem Uebergange von der Ursache zur Wirkung zusammenfallen in Einen Satz des Grundes; Schlussreihen und Causalitäten werden sich auf gleiche Weise begreiflich finden. Wenn hingegen etwa Principien des Wissens sammt den Ableitungen des abhängigen Wissens *aus* seinen Principien, verschieden wären von den reellen Ur-Sachen der Natur sammt den reellen Wirkungen dieser Ur-Sachen: so könnte es begegnen, dass man zuweilen die Ursachen erkennen müsste aus den Wirkungen, dass also die Erkenntniss der Wirkungen voranginge der Erkenntniss der Ursachen; und, wenn die vorangehende Erkenntniss Ideal-Grund heisst, die aus ihr folgende Erkenntniss aber Ideal-Folge, diesem gemäss die Reihe der Ideal-Gründe und Folgen oft gerade entgegen laufen würde der Reihe der Real-Gründe und Folgen; welches verwechseln alsdann so viel hiesse als sich geradezu den grössten Irrthümern preisgeben. Da möchten denn auch *zwei ganz verschiedene Untersuchungen* nöthig werden, — eine: über das Ineinandergreifen nothwendig verbundener Gedanken, — eine andre: über das Hervortreten dessen, was da ist, zur Aeusserung und That; welche beide Untersuchungen kaum etwas mit einander gemein haben dürften, als nur die gleich grosse, und bisher beinah gleich unzulänglich durchforschte Schwierigkeit.

Sich so viel Mühe, und — was für feurige Köpfe schlimmer ist als Mühe, — so viel Verzug und Aufenthalt zu ersparen, — ist ein reizender Gewinn; zu welchem ohnehin die einfache (zwar nur oberflächlich erwogene) idealistische Bemerkung einladet, dass es doch am Ende Alles *Unser Gedachtes* ist, was wir zusammenknüpfen, mögen wir nun reden von unsern Gedanken, oder reden von Dingen als wären sie ausser unserer Rede; — dass es am Ende Alles *Unser Folgern* ist, mögen wir nun ausdrücklich bekennen, dass Wir Unsre Prämissen zu Unsern Schlüssen verarbeiten, — oder aber vorgeben, wir vollzögen in unserer Physik das Wirken und Wachsen der innersten Keime der Natur.

Endlich, wo soll denn das Erkannte liegen, wenn nicht in der Erkenntniss selbst? Wie sollte zu ihr der Erkennende gelangen, müsste er erst sich selbst verlassen, um ein gänzlich Anderes und Aeusseres zu gewinnen? Eine Wahrheit *für ihn* ist eine Wahrheit *in ihm*; und sollen sich Wahrheiten in ihm entwickeln, so muss der Keim derselben in ihm liegen.

So unläugbar richtige Sätze, wie diese letztern, zusammentreffend mit dem Einheitstriebe, welcher in allem ächten Philosophiren wirksam ist, — könnten bei einem mehr rüstigen als umsichtigen Forschen wohl kaum umhin, die muthige Festsetzung Eines Princips zu bewirken, in welchem Erkanntes und Erkennendes sich innigst durchdringen, und die Wahrheit verschmolzen liegt zugleich in dem Wahren und dem Wahrnehmenden. Hütet Euch einzuwenden, die Wahrnehmung gebe nur ein Bild, das aber sei der Charakter des Bildes: nicht zu *sein*, *was* es bilde. Die alten Begriffe gelten jetzt nicht mehr; Alles muss neu werden; die Gedanken leben, und das Gedachte ist reell in dem Gedachtsein. Seid nicht verzagt; springt gerade hinein in die Wirbel des Ich, oder der causa sui, oder des Absoluten; Ihr könnt alles mitnehmen was ihr bei Euch habt, denn die Drehung lässt nichts verloren gehn; vielmehr, sie verdaut es, — sie nimmt es in sich, als Bedingungen ihrer selbst, wiewohl sie von Anfang sich unbedingt drehte. Fragt nicht, was es denn sei mit dieser Drehung aus sich heraus und in sich zurück, und was das Heraus und Zurück bedeute für die All-Einheit, welcher Alles innerlich sein müsste. Wenn das Absolute sich nicht äussern sollte — versteht sich, für sich, — so stünden ja Leben und Liebe still, und Ihr hättet die Einheit des Todes! Dankt es seiner Turgescenz, dass für Euch und Eure Freunde Raum darin ist; denn wäre in ihm kein Raum, so wäre er nirgends. Da es nun gar etwas Treffliches ist um diesen Punkt von unendlicher Weite, und um diese Ruhe mit unendlichem Umtriebe: so muss es ja wahr sein, und die Wahrheit selber! Denn so stumpf werdet Ihr doch nicht sein, auszulassen aus der Einheit die Liebe, und das Leben, und die Kunst, und welche Namen sonst noch das Schöne und Heilige führt —? Wo wolltet Ihr denn diese lassen? Vielheit, Spaltung, Gegensatz wolltet Ihr dulden zwischen jener Einheit, die da ist Einheit des Wissens und des Seins, und zwischen dem was das Beste ist und das Herrlichste? Fasst Muth, Alles auf einmal zu setzen; darnach könnt Ihr es einzeln betrachten. Der Reiche findet immer die Zeit, sein Vermögen zu überzählen!

Wem möchte man diesen Reichthum rauben? zudem wenn es lauter eigne Production ist? Nur die Münzen nicht zu viel geschüttelt, dass der Beutel nicht reisse und Alles umherrolle! Denn, stächen auch die ungleichen Maschen weniger in's Auge: so müsste schon das zwiefache Netz, aus theoretischen und aus ästhetischen Fäden gestrickt, verrathen, wie wenig jedem von beiden zu trauen sei.

Wir lassen für jetzt das Aesthetische. Wir lassen die All-Einer. Mögen sie endlich noch in einer Ekstase das reine Sein so tief in sich schlürfen, dass sie selbst in sich selbst keinen Platz mehr haben. Mögen sie Sich verbannen aus Sich, mögen sie sich einbilden, das *Wahre* zu wissen ohne zu *wissen*, es zu *Ergreifen* ohne zu *greifen*. Oder mag die Furcht, sich selbst über dem Denken zu betreffen, ihnen endlich das Denken verleiden; — und vollends das laute

Denken! „Es giebt eine Philosophie, aber sie verträgt keine Sprache." — Zuletzt wird ihnen das ewig und unvermeidlich *spaltende* Denken noch gar die *Sünde* selbst werden, und die Unseligkeit, und der Quell alles Elends. Alsdann werden sie Alles aufgeben, um in dem Einen unterzugehen.

Diejenigen, welche etwa wünschen, sich zu erholen von diesem Taumel, bitten wir, sich vor allen Dingen zu besinnen, ob sie denn wirklich wollten, dass das Viele, das reine und streng gesonderte Viele, aufgeopfert werde der Einheit? Nun — so *musste* ja wohl das Viele in einander schwinden, und sich gegenseitig verschlingen, und verschrumpfen in ein widersprechendes Unwesen, das nun weder wirklich Vieles ist noch auch wirklich Eins. So musste ja wohl das mannigfaltige Leben der Welt sich verschrauben in Einen Wirbel, in welchem Zeit und Raum und Bewegung weder wahrhaft zugegen, noch wahrhaft abwesend ist. Wolltet ihr *jenes?* so seid nun zufrieden mit *diesem!* — Es bewundert Jemand die harmonienreiche Orgel; er begehrt, einmal recht voll zu werden von der Fülle ihrer Accorde. Lege er sich denn mit beiden Armen auf die Tasten; in dem Einen Mislaut stecken alle möglichen Accorde. — Solche Strafe ist demjenigen recht, der nicht versteht sich zu *mässigen* in seiner *Einheits-Begierde!*

Wählt Ihr aber reine Vielheit: so habt Ihr nun freilich damit zunächst *alle Ansprüche auf Einheit — vollkommen aufgegeben!* Dies muss recht deutlich anerkannt werden. Da ziemt sich's denn zu fragen: woher nun auch nur die geringste der Einheiten, die kleinste Spur von Zusammenhang wieder zu gewinnen sein werde? Was man denn denken solle von denjenigen Einheiten, die schon gefunden sind, und in allen Wissenschaften gelten und herrschen? Wo denn die Natur bleibe, die doch mehr sei als ein Aggregat von Atomen; was denn das Bewusstsein wolle mit seiner Neigung zum Folgern und Verknüpfen, und mit seiner unaustilgbaren Ichheit, die da ist Identität des Denkenden und des Gedachten?

So recht! Bewundert nur diese vorhandenen Einheiten!

Nehmt sie nicht ferner so unbegriffen hin, wie wenn sie sich von selbst verstünden! Gesteht es nur, dass sie alle, und jede besonders, uns längst im höchsten Grade befremden mussten. So nähern wir uns der Auflösung aller Schwierigkeiten viel sicherer, als wenn wir der Schwierigkeit das Auge verschliessen, und z. B. das Ich erst absolut hinstellen, und *dann* es bearbeiten; als ob es mit seinen Widersprüchen überall nur geduldet werden dürfte, bevor dieselben rein werden hinweggehoben sein.

Sehr gelegen käme nun hier, wenn sie etwa Jemanden geläufig wäre, die Besinnung: dass doch Alles nur Unser Gedanke ist! *alle jene räthselhaften Einheiten nur in unserm Bewusstsein erwachsen!* — Ausser mancher andern guten Erinnerung, die wir dadurch erhielten, würden wir uns auch zurückgeleitet finden auf die Frage: ob wir denn auch wirklich einer Einheit der Dinge und des Wissens zugleich bedürfen?

Einheit fordert der Denker als Denker im Denken für das Denken. Sofern er nun das Reelle — *denkt*, bedarf er auch hier der Einheit; in seinen Naturbetrachtungen, wenn sie ihm genügen sollen, muss allgemein durchgreifender Zusammenhang herrschen. Sofern er aber auf die Frage: *was* er denke, sich die Antwort giebt: das *Reelle*, fällt jenes Bedürfniss ganz weg, darum, weil es *überall nicht* liegt in dem *Was*, sondern in dem *Denken*. Das Reelle als reell kommt dabei so wenig in Betracht, wie etwa das Formelle als formell. Es wäre eben so unnütz für das philosophische Bedürfniss, wenn alle Naturkräfte auf Ein Princip zurückgeführt würden, als gleichgültig für die Arithmetik, wenn Jemand alle Zahlen aus einer einzigen Ur-Zahl ableitete.

Also, noch hinweggesehen davon, dass es nichts helfen würde eine Einheit zu erdichten, wo keine zu finden wäre, so muss auch nicht einmal gefragt werden nach einer andern Einheit, als nach einer solchen, wodurch das Wissen, eben nur in so fern es ein Wissen ist, kann zusammengehalten werden. Lediglich zum Behuf unserer Fortschreitungen im Raisonnement, und unserer Zusammenfassung aller Resultate, — auch *nicht* für uns, sofern wir leben und empfinden, sondern *nur* für uns, sofern wir das wissenschaftliche Gebiet gehörig beherrschen wollen, ist es wünschenswerth, ein Erstes zu haben, von dem wir ausgehen und hinübergehen können zu allem Andern.

Fände nun die Schule was sie braucht: was würde es sein? Ein erster Gedanke, welcher triebe zu einem zweiten, welcher wieder triebe zu einem dritten, u. s. w., dergestalt, dass die Uebergänge nicht willkürlich, sondern nothwendig wären, und *dass das Gefühl dieser Nothwendigkeit das Beisammenbleiben aller dieser Gedanken sicherte*, und, *nachdem sie einmal begriffen wäre, keine Zerstreuung mehr zuliesse*. — Wie viel Werth und Gewicht, wie viel Interesse und Hoheit, der erste Gedanke, für sich allein, haben oder nicht haben möchte, darauf käme gar nichts an, denn er sollte und könnte ja nicht allein bleiben, er sollte und könnte ja nur gedacht werden als der erste *für* die folgenden. Wer, um den Grundstein seines wissenschaftlichen Gebäudes zu legen, einen Edelstein wählt, weiss nicht was er thut. Der Grundstein soll bedeckt werden von dem Gebäude, und in dem Gebäude wollen wir wohnen; damit es aber fest stehe, dazu bedarf es des Grundes und des Gefüges. Was nun das wissenschaftliche Gefüge anlangt: so ist schon mehr als einmal des nothwendigen Zusammenhangs erwähnt, und der treibenden Kraft, die in den Principien liegen muss. Was aber das heissen möge: ein Gedanke welcher *treibt* zu andern Gedanken, — dies zu erwägen, können wir unsern Lesern noch etwas Zeit lassen.

———

Zweitens: Soll die gesuchte Einheit eine theoretische sein, oder eine praktische? Einheit des Wissens, oder Einheit der Entschliessungen?

Es ist unser Vorsatz, das wild verwachsene Gestrüpp hinwegzuräumen, welches zwischen den theoretischen und praktischen Principien in allen Systemen aufgeschossen, und dergestalt in einander geklettet ist, dass man das vermeinte *Wissen* mehrerer berühmter Philosophen in ihrer *Ethik* aufsuchen muss. — Als Vorarbeit folgende Betrachtungen!

Für wen giebt es praktische Ueberlegung? — die doch ohne Zweifel der Entschliessung vorangehen muss, wenn Philosophie dabei soll eingreifen können.

Nicht für den, welcher schon vollkommen weiss, was er will. Dieser erwägt nur noch, was dienlich sei zu seinen Zwecken; und, ist er ein fester Charakter, so bietet er der Sittenlehre keinen Punkt dar, wo sie ihn zu fassen vermöchte.

Also nur für diejenigen, deren Wollen noch wandelbar ist, und bei denen noch, zwischen den Begierden und Leidenschaften, Momente der Indifferenz in die Mitte fallen, wo sie gleichsam auf sich warten, was sie nun zunächst wieder wollen werden.

Wie macht man es, diesen den richtigen Willen beizubringen?

Vielleicht beginnt man mit theoretischen Principien; man stellt auf, was da ist, und *schliesst* daraus, was da sein soll, und was der richtig Wollende will. — Aber wo ist die Stelle, an welcher ein theoretisches Raisonnement in ein praktisches sich verwandelt? Erkenntnisssätze in Entschliessungen übergehen? — Aus der Wahrheit des Satzes A folge die Wahrheit von B; aus dieser die Wahrheit von C; — wo folgt denn nun aus der *Wahrheit* des Satzes M der *Wille N*? Wahrscheinlich da, wo irgend ein *schon vorhandner* Wille X die Wahrheit M ergreift; als einen Aufschluss nämlich über das was zu thun sei, um sicher und bald zu dem eigenen, längst gefassten Zweck Y zu gelangen, der mit der ganzen Schlussreihe von A bis M nichts gemein hat. Der Wille N also ist wieder ein Entschluss: das *Mittel* nicht zu verachten, weil man den Zweck wollte. So etwas ist begreiflich; nur aber nichts, was zur Grundlage, — nichts was überall zum Wesen der praktischen Philosophie gehörte. Welche neue Logik will man denn erfinden, die aus lauter theoretischen Prämissen eine Conclusion hervorzaubere, worin ein ursprünglicher Entschluss enthalten sei?

„Eben deswegen erheben wir, an der Spitze von Allem, ein Erstes, das da ist zugleich ein theoretisch und praktisch Erstes, Sein und Wille, Wahrheit und That, Hirn und Hand, Alles in Einem."

Wie bringt man denn dieses Erste an die anders wollenden Menschen? Was macht man mit ihren Neigungen und Begierden, die das Kreuz aller Sittenlehre von je her waren?

„Wir lehren sie in sich selbst unterscheiden — die *Rinde* und das *Mark*. Aus der Rinde — dem Aeusserlichen, das zwar an ihnen, aber nicht ihr wahres Selbst ist, sprossen bald diese bald jene wetterwendischen Launen hervor, die man für Willen hält, die aber eigentlich diesen hohen Namen gar nicht verdienen. Aus dem Mark hingegen quillt — jetzt schon bei einigen Seltnen, dereinst aber — wir dürfen es hoffen — bei Allen, das wahre und reine Selber-Wollen hervor, welches, wie es in sich festiglich ruht, so ausser sich kräftigst wirkt, indem sein Wirken kein anderes ist als das des Einen und Ersten, von welchem alle Wirkung ausgeht und in welchem alle Wirkung bleibt. Auch wird dereinst das Mark die Rinde verzehren, — das Individuum wird seine Besonderheit vernichten, und nur die Selbstheit behalten."

Wenn aber nun in den jetzigen Individuen das Mark nicht durchbricht, was thut die Sittenlehre für sie?

„Sie thut gar nichts. Es ist *ihr Verhängniss;* und eben dieses in seiner Abkunft vom absoluten Verhängniss zu erkennen, ist die Sache der praktischen Philosophie."

So ist denn also die praktische Weisheit wiederum theoretische Weisheit! So hat sie es denn aufgegeben, in den Menschen, wie wir sie finden, unschlüssig und halb willenlos, — neue Selbstbestimmungen zu erzeugen! So bekennt sie denn, in sich kein *besserndes* Princip zu besitzen! — Aber vor allen Dingen, — damit wir doch das Bessere vom Schlimmern unterscheiden lernen, — *warum denn*, ich bitte, *warum*, und *worin*, ist das Wollen aus dem Mark besser, als das aus der Rinde? Denn die Unterschiede, innerlich und äusserlich, — aus der Tiefe oder von der Fläche, — sind bloss theoretische Prädicate, in denen nichts liegt vom *Sollen*, nichts vom *Sich-Gebühren*. *Droht* das Innere dem Aeussern: so sehen wir ein feindseliges, kein würdiges Verhältniss. *Erfüllt* sich die Drohung: so sehen wir Sieg und Macht, kein Recht noch Fug. *Herrscht* endlich das Innere *mit unbestrittenem Ansehn:* — so erkennen wir eben nur ein einfaches Wollen, eine völlige Ungebundenheit; — nichts, was Lob oder Tadel von ferne veranlassen könnte! Den Unterschied der Festigkeit und Wandelbarkeit werdet ihr doch nicht eher gelten machen wollen, als bis zuvor gezeigt ist, das Festere habe einen *Werth, um dessen willen* man sich seiner Stärke erfreuen dürfe, das Wandelbare hingegen sei von der Art, dass grössere Festigkeit es nur schlimmer machen könnte.

„Höchst thörichte, ja lästernde Fragen! Ist denn das Mark nicht das Mark, die Rinde aber die Rinde? Stammt nicht das Mark unmittelbar von dem Einen, dem Ewigen, dem Absoluten, dem reinen Ich, der Ursache ihrer selbst? Was ist würdig, wenn nicht diese Verwandtschaft? Was ist hoch und trefflich, wenn nicht die erhabene Rückkehr des Einen von seinem Ausgange aus sich selbst? Was darf man wollen, als nur Theil zu haben an — inbegriffen zu sein in dieser Rückkehr?"

Freilich mag es gut sein, dass das Eine wieder in sich geht, nachdem es vielleicht nie ein Ausser-sich hätte suchen, nie hätte mehr sein sollen als Eins! — Könntet Ihr aber, — um die Einheit bei Seite zu lassen, — von dem ewigen Wesen uns die höchste *Trefflichkeit sichtbar* machen — könntet Ihr uns inne werden lassen *des Beifalls* der ihm gebührt, — verstündet ihr, ohne Rednerei so wie ohne theoretische Begriffe, das Urbild *hervortreten* zu machen, welches, *selbst wenn es Nimmer Wäre*, dennoch jedes geistige Auge gewinnen müsste: gelänge es Euch, so Euer Höchstes zu preisen, so würden wir, bei allem noch unerledigten Streit in Sachen des Wissens, das Urbild als Bild sogleich zum *Muster* unseres Wollens und Thuns erwählen; — darnach aber, wenn *nun* die Ueberzeugung dazu träte: das Ur-Bild sei nicht bloss Bild, sondern reell, dann würden wir mit Euch, willig und froh, in Einen Preisgesang einstimmen, — selbst, wenn Eure Formen uns minder gefielen. So aber — hütet Euch, nicht selbst den Lästerungen Thür und Thor zu öffnen! Hütet Euch, dass man nicht frage, ob, wenn der Baum Früchte erzeugte, es die Bestimmung der Früchte sei, ihre Säfte in ihn zurücktreten zu lassen? — Weshalb denn, was einmal, vom Absoluten aus, eine Richtung abwärts und vorwärts erhielt, diese Richtung nicht durch alle Zeit hin verfolgen dürfte, um sich in immer grössere und grössere Fernen hin auszubreiten? Hütet Euch vor den Consequenzen, die Euch treiben werden anzunehmen: *alles* Wollen der Individuen enthalte in sich die Ur-That des Absoluten; Alles *solle* sein, darum weil es sei, solle geschehen, darum weil es geschehe, und Jedermann thue wohl und recht an dem was ihm beliebe.*

---

* Man vergleiche *Spinoza* im Tract. polit. cap. II. §. 3. „Hinc igitur, quod scilicet rerum naturalium potentia, qua existunt et operantur, ipsissima dei sit potentia, facile intelligimus, quid ius naturae sit. Nam quoniam deus ius ad omnia habet, et ius dei nihil aliud est, quam ipsa dei potentia, quatenus haec absolute libera consideratur, hinc sequitur, unamquamque rem naturalem tantum iuris ex natura habere, quantum potentiae habet ad existendum et operandum: quandoquidem uniuscuiusque rei naturalis potentia, qua existit et operatur, nulla alia est, quam ipsa dei potentia, quae absolute libera est. — Consequenter quicquid unusquisque homo ex legibus suae naturae agit, id summo naturae iure agit, tantumque in naturam habet iuris, quantum potentia valet." Man wähne nicht, diese Stelle sei hier deshalb angeführt, um aus der Verderblichkeit der Consequenz gegen das System zu argumentiren. Spinoza's System ist seiner Natur nach rein theoretisch; zu einer Ethik,

Tragt Scheu vor dem sittlichen Gefühl, was uns allen gemein ist; was in der Gesellschaft Achtung fordert; und, um auch im Gebiet des Denkens hervorzutreten, des wissenschaftlichen Kleides nicht ermangelt.

Kant durfte nie nöthig haben zu sagen, dass man das Sollen aus dem Sein nicht lernen könne, indem jenes eine Kritik bezeichnet, der alles, was Ist, (so hoch man das Sein auch steigere) sich unterwerfen muss. Er hätte nie nöthig haben sollen, zu erinnern, dass keinerlei Wollen, *als* Wollen, *sein Gegenstand liege hoch oder tief*, irgend einen Werth zu bestimmen fähig sei. Es hätte von selbst einleuchten müssen, dass die Gottheit aus theoretischen Begriffen nicht *verstanden* werden könne (vom Beweisen ist hier keine Rede); *dass, um ein Auge zu haben für die höchste Güte, man zuvor das Gute klar sehen muss,* — nicht als ein *Ding*, sondern als ein *Muster!*

Er hat es gesagt, hat es eingeschärft, und man hat es vergessen. *Vergessen über der kleinlichen Correctur an der imperativen Form seines Sittengesetzes, deren unbequemen Druck man nicht Lust hatte zu tragen.* —

deren Titel er misbraucht, fehlten ihm die Hauptideen. Das theoretische System nun, so falsch es an sich ist, kann eben so wenig von der praktischen Seite her bestritten werden, als praktische Philosophie sich auf theoretische Grundsätze bauen lässt. Aber das Angeführte kann als Beispiel gelten, was daraus werde, wenn man die praktische Philosophie sucht, wo sie nicht zu finden ist. — Auch dürfte ein unbefangener heller Kopf, dem die Verwechselung der Begriffe: potentia dei, ius dei, — zwischen denen nicht die geringste Verwandtschaft ist, — lebhaft auffiele, von hieraus wohl auf Betrachtungen über den widersinnigen Ausdruck: ius naturae, der jenem andern: ius dei, untergeschoben ist, geleitet werden; — Betrachtungen, die in ein steigendes Erstaunen über das vergebliche Unternehmen der Neuern übergehn möchten, aus dem ius naturae irgend etwas Vernünftiges zu machen. Dazu konnte viel eher, als unsere Naturrechtslehrer, Spinoza versucht sein, eben durch den theoretischen Charakter seiner ganzen Philosophie.

Es gilt: sich zu besinnen, dass, so lange man irgend einem Wollen vor einem andern Wollen den Vorzug giebt darum, weil man will: kein Schritt über das Gebiet der Willkür hinaus geschehn, und keine Spur von irgend einem Princip des *Werths* erreicht ist, welchen man für ein gewisses Wollen nothwendig anders woher holen muss, als wieder aus einem Wollen.

Es gilt: dass man sich das: Ich will wollen, oder Ich will mein Wollen des Wollens, oder — wie weit es belieben mag aufwärts zu steigen, — gänzlich versage, fest überzeugt, dass immer das letzte: Ich will, der Frage bloss gestellt sein wird, ob es denn gut und schön sei, so zu wollen? Eine Frage, die auf eine durchaus willenlose Antwort wartet.

Rein los lassen muss man von allem Wollen, wie tief im Kern des Seienden, und auf was immer für Art und Weise es darin gegründet scheinen möchte: *denn allenthalben wird es gefunden von jener kritischen Frage!* — Rein dem blossen *Urtheil* muss man sich in die Arme werfen, um den Boden der praktischen Philosophie zu finden.

Nicht hier kann es unser Zweck sein, diesem Urtheil Sprache zu geben. Ohnehin, wiewohl seit geraumer Zeit verstummt unter den Philosophen, *als solchen*, wird es fortdauernd vernommen unter der Menge; freilich, vermischt mit den heterogensten Dingen, nach Art der Menge, und verwirrt durch die verkehrtesten Meinungen der Zeit. Nur so viel sei hier gesagt: Die Voraussetzung Eines Urtheils, — eines einzigen obersten praktischen Princips bedarf, wie manches Aehnliche, gar sehr derjenigen Nachsicht, welche man dem systematischen Streben nicht verweigern wird, das, je lebhafter es ist, desto leichter für richtig hält was ihm frommt.

Es war im Vorstehenden unser Blick gerichtet auf die theoretische sowohl als auf die praktische Philosophie. Wer auch in beiden sich noch gar nicht versucht hätte: auch dieser müsste schon einsehen können, durch eine ganz einfache Besinnung, dass jede von beiden in ihren Principien gänzlich unabhängig sein werde von der andern.

Wer da spricht: ich will Wahrheit! der setzt wohl in Gedanken — oder auch mündlich und in seinen Schriften, wie so oft geschehen ist, — hinzu: Wahrheit um der Wahrheit willen, Wahrheit mit Aufopferung aller geliebten Meinung. Wenn nun gleichwohl noch ein Liebstes und Bestes und Theuerstes übrig bleibt, welchem der Einfluss vorbehalten wird auf die Bestimmung dessen was Wahrheit sei, so — mag man ein recht guter Mensch, ja auch wohl ein erhabener Charakter sein, — aber die Wahrheit hat man nicht gewollt.

Wer da unternimmt, auszusprechen was sein *solle?* ist der noch so schüchtern, das Sollen beim Sein zu erfragen? so dass am Ende das tröstliche Resultat herauskommt: es soll alles sein was ist? — Jedermann gesteht zu, dass Manches nicht ist, wie es sein sollte, und einer vielfältigen Kritik unterliegt. Wenn nun der Philosoph, dem das Sein sich tiefer und tiefer hinter das Sinnliche zurückzieht, — uns endlich zuruft: ich habe es gefunden! — so werden wir fragen: Was denn? Das was ist; oder den Massstab der Kritik? — Verwechselt er beides: so sehn wir sogleich, dass die Entdeckerfreude ihn blendet, und dass es ihm geht wie den Reisenden, die alles was sie auswärts sahen, *schön* nennen, darum weil sie mit Mühe und Kosten zum *Sehen* gelangten. — Damit es uns nicht so gehe, damit das Sein uns nicht imponire, damit das Urtheil *frei* bleibe: werden wir, wenn es uns um praktische Philosophie zu thun sein wird, absichtlich nur Luftbilder entwerfen, auf nichtige Schatten unsern Blick heften, an leeren Begriffen unsre Kritik üben; und so wahrhaft inne werden, was uns zum Beifall oder Misfallen bestimmen müsste, *wenn* es ähnlich wäre diesen Schatten, wenn es realisirte diese Begriffe, — und dem gemäss festsetzen was sein *soll* oder *nicht soll,* nicht darum weil es ist, sondern weil es ein *solches* und *kein andres* ist. —

Fassen wir nun beides zusammen! Das Wahre muss man nehmen, wie es, nach gehöriger Untersuchung, sich ergiebt. Hingegen was sich gebühre und sein solle, das ist zu bestimmen durch ein absolutes Aussprechen des Beifalls oder des Misfallens.

Für jeden dieser Sätze, einzeln genommen, bedarf es einer gewissen Geistesstärke, um ihn zu ertragen. Es bedarf noch mehr Stärke, sie beide zusammenzuhalten. Denn wie, wenn wir auf eine misfällige Wahrheit stiessen? Wie, wenn das Sollen Unmöglichkeiten forderte? — Zwar, an beides, möchte man meinen, könnten wir längst gewöhnt sein. Jeder Tag macht Begebenheiten wahr, die nimmer geschehn sollten. Was will man nun aufgeben, die Kritik dieser Begebenheit, oder ihre Wahrheit? Welchem von beiden die Augen verschliessen? Die Philosophie öffnet sie für Beides. Sie ist nicht eine Trösterin für die Schwachen; sondern zuvörderst ein aufrichtiges Geständniss, das der Starke sich selbst ablegt. — Daraus nun folgt noch nicht, dass sie den Schwachen ihren Trost rauben müsste. Sind die *Principien* der theoretischen und der praktischen Philosophie von einander unabhängig: so fehlt es darum noch nicht an Verbindung, und inniger Verbindung, der *Resultate!* Eben der Umstand, dass es uns nicht leicht wird, jene getrennt zu denken, lässt ahnen, dass es wohl Ursachen einer freundlichen Gewohnheit geben müsse, die, wie sie das Philosophiren erschwert, so das Leben erheitert.

Nur — für den *Eintritt* in unser Studium ist es unerlasslich, sich loszumachen von dieser Gewohnheit. Und schon darum ist es zweckmässig, die Ursachen aufzusuchen, von denen sie begünstigt wird. Wir schweigen hier von dem Einheitstriebe, der ein Gefühl des Verlustes an systematischer Vollkommenheit hervorbringen kann, wenn von zweien, gegenseitig unabhängigen Theilen der Philosophie die Rede ist. Es versteht sich, dass dieses Gefühl nichts entscheiden könne. Andre, und mächtigere Ursachen haben wir in Betracht zu ziehn, — die Erscheinungen der *Natur*, und das Bewusstsein der *Freiheit*.

Natur und Freiheit sind häufig einander entgegengesetzt worden; fast als die Mittelpunkte, jene, der theoretischen, diese, der praktischen Philosophie. In der That, die Natur, die ohne unser Zuthun vorhanden ist, steht da, als Gegenstand der Erkenntniss; durch das Wort *Freiheit* aber kündigen wir an, dass auch unserm Thun etwas überlassen sei, das von uns ausgehe, so wie wir es wollen, und zu wollen beschliessen, und zu beschliessen uns selbst bestimmen. Legt die Natur uns die Nothwendigkeit auf, sie zu erkennen wie sie sich giebt, und ist diese Nothwendigkeit so viel fester und fühlbarer, je consequenter jene sich zeigt in der Gesetzmässigkeit alles ihres Wirkens: so finden wir dagegen im Wollen uns nur an das Gesetz der eigenen Wahl gebunden, welche wir vorbereiten durch Ueberlegung und Urtheil, und vollenden durch den Entschluss; — dergestalt, dass *dies* Gesetz entweder kein Gesetz, oder ein selbstgegebnes ist. So wären denn die Gesetze der Natur Gegenstand der theoretischen, die Gesetze der eignen Wahl hingegen, oder die der Freiheit, Gegenstand der praktischen Philosophie.

Aber es ist nicht möglich, den Gegensatz zwischen Natur und Freiheit lange festzuhalten, ohne inne zu werden, wie viel daran fehlt, dass er ein reiner Gegensatz sein sollte. Die Natur neigt sich zur Freiheit, die Freiheit zur Natur. Endlich fallen beide in Eins, — wofür, aus Mangel an Sprache, das Wort *Organismus* gelegen kommt.

In der That, die Natur scheint es darauf anzulegen, den Forscher zu verwirren. Erinnern wir uns nur gleich, wie viele Beinamen sie erhalten hat, um alle die Eindrücke zu bezeichnen, die sie macht! Sie heisst die rohe, die todte, und es wird geklagt über die unabänderliche Nothwendigkeit ihres Mechanismus; — aber sie wird auch gepriesen als die gütige, die schöne, die süsse und heilige, — und sie wird dem Leben und der Menschenbildung als Norm und Muster aufgestellt, dass am Ende gar die Formel: der Natur folgen, sich als das ächte Gesetz der Freiheit darstellen möchte. — Fassen wir sie mit festem Blick, wie sie sich giebt: so tritt, als ihr Hauptcharakter, zuerst der Mechanismus hervor, dieses nach allen Richtungen sich durchkreuzende Netz von gegenseitiger Bestimmtheit der Dinge durch einander; welchem gemäss es unmöglich ist, irgend ein Ding zu finden, dessen Zustand nicht erklärt werden müsste aus andern Zuständen andrer Dinge, in's Unabsehliche fort, und dem nicht Veränderungen seines jetzigen Zustandes geboten würden, oder doch geboten werden könnten, durch das Uebrige umher. Schon die Betrachtung dieser Abhängigkeit jedes Einzelnen von Allem erweckt leicht ein peinliches, und dadurch verführerisches Gefühl von allgemeiner *Passivität;* — welchem ungereimten Gedanken zu entgehn, die Forscher oft seltsame Sprünge wagen. — Aber auch die nüchterne Betrachtung der Natur erlaubt nicht, bei diesem Misverstande des Mechanismus zu beharren. Jedes Ding macht Anspruch an *seine eigne Natur;* es will selbst etwas sein; und der gemeine Verstand ist folgsam genug, um häufig zu sprechen von dem was die Natur eines jeden Dinges mit sich bringe. Bleiben nun dadurch die Dinge scheinbar hinter dem Mechanismus zurück: so erhebt sich über ihn, eben so scheinbar, alles *Organische,* welches kaum gestattet, eine Construction aus ursprünglich verschiedenen Elementen, die nur für jetzt in zufällige Abhängigkeit von einander gerathen wären, anzunehmen. Im Gegentheil, sichtbar scheint hier das Viele von Einem auszugehn; das Leben des Ganzen scheint sich die Theile geschaffen zu haben, solche Theile, wie sie gerade ihm dienen konnten und mussten. Und wenn nun doch die Theile von aussen herbeikommen, wenn jedes Thier, jede Pflanze sich ernährt von dem was zuvor *nicht dieses* Thier und *nicht diese* Pflanze war, — was könnte einladender sein, als eben dieses *Nicht* — gerade zu verneinen; das Universum für einen einzigen Organismus zu erklären, der sich die untergeordneten Gegenstände, welche sämmtlich in ihm *Eins und dasselbe* sind, als seine Glieder anbilde und sie auf ähnliche Art durch einander erhalte, wie der einzelne Organismus es uns im Kleinen zeigt? Diese Idee, gerade aufhebend die (vermeinte) Passivität des Mechanismus, erfüllt uns mit einem Gefühl des Lebens, welches *nur That* ist, denn das Leiden ist mit dem leidenden Vielen und Einzelnen hinweggeschwunden. Aber diese That des Lebens fassen zu wollen ohne That des Gedankens — Leben ohne Seele —: hiesse zum wenigsten, das Würdige und Hohe berauben wollen seines Preises, den nur das Denkende ihm widmen kann. Und so sind wir denn — zwar nicht bei der *Freiheit* selbst angelangt, aber ihr doch nahe genug gekommen, um ihr zu begegnen, wenn sie auch von ihrer Seite einige Schritte machen will.

Wer, dem Philosophie nicht fremd ist, hätte wohl nicht von Jugend auf über Freiheit gedacht, gegrübelt, — die Systeme und das Bewusstsein befragt? — Wir meinen nicht die Freiheit im Staate, welche vielmehr ein Sporn der Leidenschaften, als des Denkens zu sein scheint; — sondern, wie schon aus dem Obigen hervorgeht, die Freiheit des Willens. Wer hätte sich wohl nicht befangen gefühlt zwischen dem anscheinenden Widerspruch, dass er, auf der einen Seite, sein Wollen von seinem Denken, sein Denken von dem empfangenen Vorstellungskreise ableiten konnte, und, wo die Ableitung lückenhaft wurde, doch dies nur seiner mangelnden Erkenntniss glaubte zuschreiben zu müssen, auf der andern Seite hingegen sein Wollen keineswegs als Effect von aussen, sondern als seine eigne That, sein eigenstes Selbst, lebhaft empfand, und dieser Empfindung bedurfte, um sich vor dem innern Richterstuhle zur Rechenschaft ziehen zu können? — Das so gewöhnliche Gleichniss vom Richterstuhl führt sogleich alle Analogien mit dem Staate herbei. Wer würde es leiden, wenn der Richter nach Gesetzen spräche, die zu befolgen man unmöglich fände? Es scheint also die Anerkennung des Urtheils abzuhängen von dem Satze: der Urtheilende habe es, in und mit diesem Urtheil, in seiner Gewalt ihm zu genügen. Dies vorausgesetzt, ist die Freiheit — als das eine und gleiche Vermögen des Urtheils und der vollkommen entsprechenden Entschliessung — über die fernere Untersuchung hinweggehoben; sie wird vielmehr Princip — und ein recht kräftiges! — aller weitern Speculationen. Das Widersinnige, ein Urtheil erst noch *anerkennen zu wollen*, welches man sich als höchste *Richtschnur alles Wollens* denkt, welches überdies, selbst willenlos und keinem Willen unterthänig, *in der That* innerlich *ergeht* und, oft sehr unwillkommen, sich aufdringt, — dies Widersinnige wird übersehen; und nachdem einmal das Urtheil in die Sphäre des Willens herab-, der Wille in die Sphäre des Urtheils hinaufgezogen, endlich beides in ein Gebot, oder noch besser, in ein Gefühl (der Seligkeit oder Unseligkeit) verschmolzen ist: verbirgt sich vollends der Unterschied zwischen dem bloss gedachten, dem innerlich abgebildeten Willen, welcher das Object des Urtheils ausmacht und auch füglich ein *blosses* Bild sein könnte, — und dem wirklichen, in irgend einem bestimmten Falle realisirten Willen, welcher dem Urtheil, worauf er trifft, eben so zufällig ist wie dem Gesetzbuch der Fall, der so eben aus dem Reiche der Möglichkeit hervortritt. — Dieser Unterschied verbirgt sich; und er muss sich wohl verbergen, wenn Platz werden soll für die herrlichen Lehren von den *ursprünglichen Rechten*, und von unsrer grossen *Sicherheit vor Collisionen der Pflichten*. — — Nach so viel übersprungenen Grenzen ist es nun ganz leicht, die Freiheit, welche selbst das Gesetz, zugleich auch selbst die That nach demselben, oder wider dasselbe geworden ist, der Natur anzunähern, indem wir sie auf jenen allgemeinen, lebendigen Organismus zurückführen. Legt nur das Negative auf eine Seite, das Positive auf die andre! Jenes, wohin alle Misgriffe der Freiheit gehören, sammt aller unsrer scheinbaren Abhängigkeit von äussern Dingen, ist zurück zu führen auf die, zum Theil nicht gehobenen, Spaltungen, wodurch das Princip des Organismus den Schein der Vielheit gewinnt. Hingegen das Positive der Freiheit, die Harmonie zwischen That und Gesetz, — diese Harmonie ist ein Laut aus dem unendlichen Accorde der Eintracht des Einen mit sich selbst.

Genug, um zu ahnen, mit welchem Glanze das Meteor der All-Einheit in unsern Tagen sich hätte zeigen können, wenn die beiden grossen Männer, denen es sein neues Licht vorzüglich verdankt, — *Ein* Mann gewesen wären. Ein einziger, gleich bewandert im Gebiet der Natur und in dem der Freiheit. —

Jene beiden haben zugleich, doch jeder auf eigne Art, das *Band* gefunden, — das Band, das mit seinen Verbundenen identisch ist; — uns hingegen zergeht und verschwindet, nachdem wir einmal die praktische von der theoretischen Philosophie rein gesondert erblicken, auch dasjenige Band, oder vielmehr die zwei Bänder, welche die gewöhnliche Denkart vielleicht ungern missen möchte, — das eine, welches sie um die Dinge umher, unter dem Namen *Natur*, geschlungen hat, das andre, die Freiheit, welches die Entschliessung mit dem innern Urtheil zusammenfassen soll.

Vor allem werden wir sondern, in jedem von beiden, das, was reiner Gegenstand der Erkenntniss ist, von dem, was ohne jene Beurtheilung mit Beifall oder Misfallen, die wir jetzt gleich mit ihrem rechten Namen *ästhetische Beurtheilung* nennen wollen, nicht verstanden werden kann. So soll uns denn in der Natur gewiss nicht Mechanismus und Kunst dasselbe werden; wie sehr auch die Kunst, welche dem Mechanismus eingeimpft ist, theils denselben voraussetzt und eben deshalb in allen ihren Werken ihn beibehält, theils, sich selbst abstufend, da, wo sie verschwindet, sich in ihn zu verlieren scheint. — Eben so werden wir von der Freiheit dasjenige, wodurch sie Natur zu sein scheint, nämlich ihr Handeln, Beschliessen, Wollen, — der Natur, oder besser dem theoretischen Erkenntnissgebiete zurückgeben, und es mit bloss theoretischem Auge untersuchen, gar nicht anders, als wie wir, ganz allgemein, alles *Wirken aus innerm Wesen*, dergleichen auch der Mechanismus durchaus nicht entbehren kann, zu untersuchen haben. Hingegen die Verschiedenheiten der praktischen Bedeutung dieses Handelns, — *gut*, oder *schlecht*, — welche Verschiedenheiten für die theoretische Betrachtungsart überall nicht vorhanden sind, — diese werden wir dem *Geschmack* anheim geben, der ihren *Werth*, ganz unbekümmert um das was geleistet wird und werden kann oder nicht wird noch kann, — in den einfachsten Formeln ursprünglich festzusetzen hat.

Sollte es uns nun begegnen bei diesem Verfahren, auf Wahrheiten zu kommen, die man veraltet, und gemein, nennen möchte, — dergleichen vielleicht Mancher schon in dem Vorstehenden durchschimmern sieht: — so kennen wir, zuvörderst, keine *neuen* Wahrheiten, — als ob dieselben Werke der Zeit wären; was aber die gemeinen und längst bekannten Wahrheiten anlangt, so sind uns diese, weil sie uns in Gemeinschaft mit den Menschen und deren eingewurzelten Gefühlen setzen, in dieser praktischen Hinsicht sehr viel theurer als die, welche der Eigenliebe des Entdeckers schmeicheln könnten.

Eine andre Unbequemlichkeit, dass nämlich weder die blosse Erkenntniss, noch die einfachen Geschmacksurtheile in einer erhabenen Sprache verkündet sein wollen, ist für uns ebenfalls keine. Sehr gern überlassen wir den Dithyrambenstyl, der neuerlich in die deutsche Prosa eingeführt ist, denjenigen, welche dafür einen würdigen Gegenstand besitzen.

Haben wir uns nun einmal so weit entfernt von der Einheit, dass Natur und Freiheit nicht nur Zwei geblieben, sondern jede für sich zerlegt worden sind: so kann es uns nicht mehr allzuviel kosten, die Zerlegung, sollte es nöthig sein, auch noch weiter fortzuführen.

Wer es dahin gebracht hat sich zu hüten, dass ihm nicht die Verwunderung über den Krystall, das Infusionsthier, und den Menschen in eine einzige Verwunderung zusammenfalle, — indem der Krystall auf die geometrische Möglichkeit einer beinah gleichförmigen Verdichtung, das Infusionsthier auf das Causalverhältniss zwischen dem Lebenden und Todten, (welches, ohne eigenthümliche Schwierigkeit, nur Vertrautheit mit dem Causalbegriff überhaupt voraussetzt,) der Mensch aber auf den *Künstler* zurückweist, welchen der Idealist in sich und seiner productiven Phantasie, der Realist hingegen ausser sich und unermesslich weit über sich sucht; — wer also diese Unterschiede sich gestanden hat: der wird sich ohne Zweifel willig fühlen, auch noch auf alle fernere Mannigfaltigkeit einzugehn, welche die gesammte Physik und Physiologie ihm darbieten; und sich's keineswegs mehr gestatten, geringe Differenzen um überwiegender Aehnlichkeiten willen zu überblicken, nahe stehende Glieder durch voreilige Analogien zu verknüpfen; und, was unabhängig eins neben dem andern sich darstellt, in den, in der That erdichteten Begriff einer schlechterdings allgemeinen Verkettung hineinzwingen zu wollen. Er wird dem Magnet seine Polarität, dem Raum seine drei Dimensionen, der Zahl ihre Potenzen lassen, nimmermehr aber, durch vielgeschäftiges Hin- und Hertragen der Begriffe, die Physik mit Allegorien bereichern. Jede Stelle der Natur muss sich selbst erleuchten; hinterher kann man, nach Aehnlichkeiten, das Inventarium der Natur verfertigen. So gerade, wie jedes philosophische System aus sich selbst verstanden sein will, Vergleichungen aber, wenn sie der Erklärung vorgreifen wollen, fast immer zum Vermengen und Verderben des einen durch das andre führen. Ein andres ist, früher gewonnene Kenntnisse da zu Hülfe nehmen, wo eine genaue Identität vollkommne Substitution gestattet; wie es in der Mathematik, aber mit strenger Präcision, jeden Augenblick geschieht.

Wunder nehmen, ferner, wird es uns nicht, wenn in der

praktischen Philosophie, oder besser, in der Aesthetik — denn die erstgenannte enthält nur diejenigen Geschmacksurtheile, welche den Willen betreffen, nebst ihrer Anwendung auf's Leben, — sich die Gegenstände des Urtheils nicht alle nach Einer Formel richten wollen, sondern ein jeder eine besondre Aufmerksamkeit für sich verlangen. Nicht von fern wird es uns einfallen, unter den Künsten eine für die Nachahmerin der andern zu halten; sondern, wenn sie auch, wie Poesie und Malerei, oder Poesie und Musik, sich zu einander gesellen, werden wir leicht die *Veranlassung* des Hervortretens, welche eine der andern bereitet, unterscheiden von dem eigenthümlichen Schönen, das nun wirklich hervortritt, — und das in andern Fällen unveranlasst, und selbstständig sich offenbart. Wie wir nun für jede Kunst insbesondre den Geschmack auffordern: so darf auch das Leben, mit den mannigfaltigen Verhältnissen, in die es uns setzt, — es dürfen die verschiedenen Charaktere der Menschen, die uns begegnen, darauf rechnen, dass wir nicht in dem Gegenwärtigen nur die Wiederholung eines früher Beurtheilten sehen, sondern jedem gleichsam ein neues Auge mitbringen werden. Dies um so mehr, da wir gar nicht erwarten, in einer menschlichen Handlung, die auf einmal in so viele und verschiedene Verbindungen tritt, oder vollends in einer menschlichen Gemüthslage, die sich so selten im Handeln ganz ausspricht, den einfachen Abdruck anzutreffen von den Formen, die etwa zuvor durch ein bestimmtes Urtheil des Beifalls oder Misfallens möchten bezeichnet worden sein. Wie können doch Männer, die ihr Leben nicht bloss auf dem Studierzimmer zubrachten, und es eben so wenig achtlos verfliessen, oder von der Willkür beherrschen liessen, — wie können sie es übernehmen, eine Sittenlehre aufzustellen, die über alle Handlungen einen sichern und unfehlbaren Spruch ergehn lassen solle? Das ist kaum anders zu erklären, als durch das Mislingen der Bemühung, auch nur die einfachsten Bestimmungen, welche sich wirklich finden lassen, in ihrer wahren Gestalt und in ihrer ganzen Schärfe zu gewinnen. —

Anstatt des gesuchten Einen also lagert sich, immer weiter und bunter, vor uns hin das Viele, welches mit dem Fluss des Lebens und der Erfahrung sich fortwährend anhäuft. Der Blick auf dies Viele hat eine zerstreuende, betäubende Kraft; diese darf nicht mächtig werden wider den philosophischen Geist! Die *formelle* Einheit muss gerettet werden, die Einheit des Ueberblicks, der Anordnung, — und des nothwendigen Zusammenhangs der Begriffe.

Man hat von einem *logischen Enthusiasmus* geredet; nicht, um ihn zu loben. Genau genommen, wäre man vor einem solchen ziemlich sicher; möchten wir eben so sicher sein vor der *logischen Reue!* Die blosse Subordination der Begriffe macht sich nur kostbar, wo sie mangelt; und zu einem Urtheil ein zweites finden mit gleichem Mittelbegriff, dass ein Syllogismus daraus werde, ein solcher Fund kann allenfalls die Freude eines guten Einfalls gewähren, wenn das Resultat bedeutend genug ist. Die Triebfeder der Speculation ist eine ganz andre. Fühlbar macht sie sich wohl einem Jeden, wenigstens um die Zeit, da zuerst Natur, und Freiheit, und welche andre Probleme es giebt, — ihn lebhaft beschäftigen. Aber es auszusprechen, was da treibe und dränge, — noch ausser dem eigenthümlichen Interesse jeder einzelnen Aufgabe, — es deutlich anzugeben, was die Speculation, als solche, Reizendes habe: — wenn dies nicht gelingen will, so ist vielleicht eben die Logik daran Schuld. Denn kraft der Logik, meint man, — wo nicht der künstlichen, so der natürlichen, gehe das Denken von Statten. Und, wenn gefragt wird, warum denn, nachdem längst die Logik auf allen Kathedern wohnt, durch sie keine haltbare Metaphysik hat zu Stande kommen wollen, wohl aber die Mathematik sich unaufhörlich fortbildet: so deckt ein Irrthum den andern, —

die *Zeichen* und *Zeichnungen* sollen es sein, welche das mathematische Denken so rühmlich besorgen! „Mathematik ist Wissenschaft durch Construction der Begriffe." Dem gemäss sind ohne Zweifel Euklids Elemente die Mathematik selbst; die neuere Analysis aber ein kleiner Appendix zu diesen Elementen, worin die x und y an die Stelle der Euklidischen Hülfslinien treten! Kein Wunder, dass dieser Apparat, — zwar ohne die zugehörigen Grössenbegriffe, — allmählig auch die philosophischen Werke zu verzieren beginnt. —

Die mehr als heitere, und doch nichts weniger als ausgelassene Stimmung, das Eigenthum der gelingenden Speculation, was ist sie anders, als das Gefühl der erhöhten Intension des Denkens? Und jene andre, peinliche Lage des Suchens, woher rührt sie, als aus der Bedürftigkeit eines Gedankens, dem seine Ergänzung fehlt? Natur und Freiheit, wodurch spornen sie die Speculation, als eben durch diese bedürftigen Gedanken, diese Räthsel, welche zur Auflösung streben? — Aber was ist nun die Intension, die aus dem Zutreten der Ergänzung entsteht, und deren Mangel als ein Bedürfniss gefühlt wird? Weiss die Logik etwas von dieser Durchdringung der Gedanken? Sie, die dem niedern Begriffe bloss *erlaubt*, Platz zu nehmen in dem Umfang des höhern, — der übrigens auch ohne die niedern, durch seinen blossen Inhalt, konnte gedacht werden —? Sie, welche die Prämissen, die einander glücklich begegnen, zu Conclusionen verarbeitet, ohne ein Mittel zu wissen, wie man die rechten Prämissen zusammenfinde? Und ohne angeben zu können, wie eigentlich in den Prämissen selbst die Begriffe zusammenhängen? — Vielleicht will hier Jemand antworten durch das *Wort*: Copula. Man könnte ihm ein andres bekanntes Wort in's Ohr sagen: Synthesis *a priori*.

Es ist kein Wunder, wenn geistreiche Männer, wiewohl Freunde der Philosophie, nichts desto weniger von Speculation, — die sie ansehn als einen Handgriff des Philosophirens, welchen eine übermüthige Neigung gar oft antreibe, über seine Sphäre hinaus in's Leere zu greifen — nicht gern hören mögen. Ist es solchen Männern einmal begegnet, ein wenig zu gläubig die gleichsam *atomistische* Ansicht anzunehmen, über welche die Logik, mit ihren Regeln Gedanken *an einander* oder *für einander* zu setzen, uns nicht erheben kann: so folgt von selbst, dass dieser falsche Begriff dem ursprünglichen speculativen Interesse, das in ihnen rege ist, fortdauernd schaden müsse, indem er die Arbeit nicht nur auf einen unrechten Weg leitet, sondern sie noch obenein als eine kleinliche Beschäftigung darstellt. Unter diesen Umständen können die Schwierigkeiten der höhern Naturbetrachtung, da sie sonst Reiz und Anweisung zugleich würden gewesen sein, den einmal empfangenen abschreckenden Eindruck nur verstärken. So geschieht es, dass die Logik, wiewohl unschuldig, der Metaphysik mehr schadet als nützt; darum, weil man zuviel von ihr erwartet.

Der Beifall, welchen in neuern Zeiten die dynamische Naturansicht gefunden hat, zeugt durch alle seine Phänomene von einer natürlichen Vorliebe der Denker; mit welcher zu sympathisiren selbst demjenigen leicht sein müsste, der entgegengesetzter Ueberzeugung wäre. Es ist die Innigkeit des Denkens, welche die Richtigkeit desselben zu verbürgen übernimmt. Die Begünstigungen der Natur kommen hinzu, — und die Untersuchung scheint geendigt, ehe sie nur anfing.

Würdiger wäre es wohl der Philosophie gewesen, mit reiner Selbstbesinnung jene wohlthätige Innigkeit in dem eignen Gedankengebiete zu suchen. Dafür hat Niemand, so viel geleistet, als *Fichte*, in seinen streng wissenschaftlichen Werken; deren blosse *Form*, (wovon man den *Umriss*, wie den Inhalt zu unterscheiden wissen wird,) einen Schatz von Belehrung enthält, welchen leider bis jetzt gar Wenige sich scheinen zugeeignet zu haben. Die Logik kann diesem grossen Forscher Misgriffe nachweisen; seine wissenschaftliche Würde zu schätzen, ist nicht ihre Sache.

„Was ist denn endlich die Speculation? Gebt eine Definition, eine Regel, ein Beispiel!"

Speculation ist das Streben zur Auflösung der Probleme.

„Und was ist ein Problem?"

In der That, was ist ein Problem? Die Antwort möchte nicht gleich bereit liegen. Und, würde sie auch auf der Stelle hergesetzt, und daneben die Formel der Speculation; ja, wollten wir sogar Beispiele aus der Metaphysik herausreissen: der bequeme Zuschauer würde alsdann vielleicht Kunststücke zu sehen glauben, — die ihn jedoch kaum unterhalten könnten; denn zum Ansehn ist dies alles gar nicht geeignet, sondern zum Mitmachen.

Triebe aber zum Mitmachen etwa Jemanden, der schon hie und da philosophische Ansichten gewonnen hätte, ein innerer Stachel: mit einem solchen liesse sich weiter reden.

Er würde vor allem die Begriffe aufzusuchen haben, von denen seine Ansichten abhingen. Er würde das Interesse zu erforschen haben, welches ihn im Denken bis dahin geleitet hatte, und noch ferner leiten möchte. Er würde die Grenzen seines Gedankenkreises sich gestehen müssen, und nicht erwarten dürfen, dass es jenseits derselben für ihn eine kräftige Speculation geben könne. Denn die Kraft des Denkens liegt in den vorhandenen Kenntnissen, Interessen, Hauptbegriffen; und nach der Kraft richtet sich die Wirkung. Sofern aber Jemand noch in fortschreitender Bildung begriffen ist, kann eben diese Bemerkung ihn veranlassen, sich um Vielseitigkeit der Fortschritte zu bemühen.

Leicht möchte jedem, der beim Anfange des Speculirens auf seinen Gedanken- und Meinungskreis ein prüfendes Auge würfe, das Ganze desselben in zwei Hauptpartien getheilt erscheinen, — eine hintere, wenn man will, und eine vordere, so, dass er jene im Begriff wäre zu verlassen, diese aber, wie eine einladende Flur, seine Schritte beschleunigte, damit er bald ihre Mitte erreichen möge. Die erstere würde wohl das Resultat sein von einem früheren Lernen, und gläubigen

Annehmen, das nicht hatte fortwachsen können mit dem Wachsthum der Jahre und Kenntnisse; und das eben darum, weil es in Stockung gerathen war, jetzt einen Reiz verursacht, es herauszuschaffen, — jedoch nicht sowohl es zu vergessen, als zu widerlegen und lächerlich zu machen; dergestalt, dass die Thätigkeit, der es keine Nahrung giebt, sich wenigstens *dagegen* wirksam erweisen könne. Die vordere, erst im Entstehen begriffene Partie möchte sich herschreiben von einer Notiz von neuen Entdeckungen und höhern Ideen der jetzigen Zeit, hinter welchen zurückzubleiben, beschämend, welche fördern zu helfen, verdienstlich sein werde. Welches Zeitalter ist so schlecht, dass es den eben sich entwickelnden jungen Männern nicht schiene vorwärts zu schreiten? Und welcher Glaube empfiehlt sich leichter, wie unhistorisch er sein mag — als der von dem einfachen Geradausgehn der menschlichen Gattung? — In spätern Jahren können beide Partien des Gedankenkreises gar leicht die umgekehrte Lage annehmen. Die, anfangs herzhaft ergriffene, Entwicklung der neuen Ideen geräth an ihrer Seite in's Stocken, sie stösst an den Tadel der ältern Zeitgenossen, sie versucht sich vergebens in allerlei Wendungen des Widerspruchs und der Accommodation, — ihre eignen, innern Fehler bleiben ihr verborgen — oder entdecken sich zu spät, indem schon die productive Kraft erschöpft ist; — was kann bequemer, was beruhigender sein, als allmählig wieder einzulenken, um wenigstens die alten Beschäftigungen, wenn auch nicht die alte Liebe, zu erneuern?

Es braucht nicht gesagt zu werden, wie wenig dieser natürliche Gang der menschlichen Meinung mit der Wahrheit gemein habe. Aber es dürfte nicht übel sein, früh genug Vorkehrungen dagegen zu treffen.

Allgemeine Warnungen, nicht dem neuesten Lichte zuzueilen — möchten nicht viel helfen. Würde ihnen Gehorsam geleistet: so könnten sie in der That ein Zurückbleiben hinter der Zeit zur Folge haben. Dem Hauptübel, der

Stockung der ältern Gedankenentwicklung, vermögen sie keine Heilung zu bringen; dies bleibt ein Vorwurf für die Erziehung. Der junge Mann aber, welcher seinen eignen Weg begonnen hat, steht in der Mitte der Genossen; und schon der Aufruf:

αἰὲν ἀριστεύειν καὶ ὑπείροχον ἔμμεναι ἄλλων,

treibt ihn in die vorderste der Reihen, deren Führerin die Zeit ist. Ein Schwächling müsste er sein, um lieber in der Schwäche, als in der Kraft seine Sicherheit zu suchen. Nicht die Ohren soll er verschliessen vor dem, vielleicht gefährlichen Gesange, sondern hören — und vernehmen. *Vernehmen!* und Zustimmung sowohl als Tadel sich versagen, so lange, bis eins oder das andre mit völliger Ruhe, unwillkürlich in ihm hervortritt.

Und — woher nun eben diese Ruhe? diese Versagung? diese Kraft der Selbstbeherrschung? Woher, wenn gerade das der Charakter der Zeit ist, die Gemüther im Sturm zu erobern und mit sich fortzuwirbeln?

Wir dürfen hier zurückkommen auf das Vorhergehende. Wenn es stürmt auf dem Gebiete des Denkens: so ist dies allemal ein Zeichen von Verwirrung der praktischen und theoretischen Forschung. Den Charakter einer bloss theoretischen Speculation kennt man aus der Mathematik! Und die sinnige Stimmung des Künstlers — wenn ja die Untersuchung, welche von den einfachen Geschmacksurtheilen ausgeht, bis in die Nähe der Künstlerproduction vordringen sollte — diese wird Niemand verwechseln mit dem Toben der Stümper, welche die Kunst äffen, weil ihnen der Geschmack gänzlich fehlt. — Aber freilich, wenn die Theorie sich anstrengt, aufgegebene Arbeit zu vollführen, — wahr zu machen, und schleunig zu erhärten, was das praktische Interesse verlangt; wenn für den Kampf sich Kampfpreise zeigen, und Gegner sich stellen: dann geräth die Speculation in Feuer, dann verlieren die Begriffe ihre Grenzen, die Worte ihren Sinn, die Sitte entweicht und die Leidenschaft regiert. — Metaphysik und Aesthetik, eine wie die andre, wissen nichts von dem Augenblick worin wir leben; die eine erhebt uns über die ganze Zeit, die andre hat kaum hie und da derselben zu erwähnen. Aber wo sie zusammentreffen, in der Religion, in den Lehren von Freiheit und Staat, hier, wo die Frage nach dem was eben jetzt wirklich ist, so nahe liegt: hier gilt es, *vorhergewonnene Ruhe mitzubringen*, hier thut es wohl, ebene Bahn zu finden, nachdem die Schwierigkeiten, welche das Gemüth aufreizen könnten, durch die frühere Untersuchung überwunden sind.

Das geht zwar hinaus über die Speculation; es liegen darin Vorblicke auf die *Wissenschaft*. Aber auch wer die Wissenschaft nicht besitzt, sondern sucht, kann eine Sichtung und Sonderung seiner schon vorhandenen Begriffe und Interessen vornehmen, wodurch ihm klar wird, in welchen Fällen seine Absicht rein auf das Wissen und die Wahrheit gerichtet sei, — in welchen andern Punkten ihm dasjenige am Herzen liege, dem er, nicht wie durch eine geometrische Nothwendigkeit gezwungen, sondern durch Beifall zuzustimmen sich bewogen finden werde. Er kann diese Sichtung fortsetzen bei allem Neuen, was ihm dargeboten wird. Und er wird sie fortsetzen müssen; denn nicht anders wird sich ihm die Seele irgend eines philosophischen Systems offenbaren, als nur wenn er ausser den theoretischen Grundsätzen, die etwa der Urheber voran stellt, auch die Triebfeder des praktischen Interesse ausgefunden hat, welche mit jenen zusammenwirkend, oder, so gut es gehn will, mit ihnen sich vergleichend und auseinandersetzend, — das System hatte hervorbringen helfen. — Schlimm genug, wenn etwa diese Sonderung manchen Systemen gerade durch's Herz fahren, — und bei andern grosse Einseitigkeiten, sowohl von praktischer als theoretischer Art, enthüllen sollte. Demjenigen aber, der sie mit Kraft und Strenge vollzieht, wird sie die Ruhe des Gemüths sichern, welche nicht sowohl eine Frucht der Philosophie, als vielmehr schon die Bedingung derselben ist.

Sei nun diese Bedingung vorhanden, sei die geforderte Sichtung, wo nicht vollzogen, so doch mit Erfolg angefangen: alsdann muss sich ihr ein *logisch-ordnender Blick* verbinden, um die allgemeinen Fragen von den mehr bestimmten, die einfacheren von den mehr zusammengesetzten zu unterscheiden. Aber hier wird die Abstraction vorarbeiten müssen, damit zuerst aus den niedern Begriffen die höheren gewonnen werden. Als Vorübung könnte man in dieser Rücksicht die veraltete Sitte der Wolfischen Philosophie, die Anhäufung der Definitionen und Divisionen zurückwünschen, wenn nur die Uebungsversuche bescheiden genug blieben, um vorläufige Grenzbestimmungen von Begriffen, soweit dieselben bekannt sind, nicht zu verwechseln mit dem noch künftigen Geschäfte, zu dem Bekannten das Unbekannte zu suchen. Jedoch, wo sich die Speculation mit Kraft erhebt, da ist diese Gattung von Vorübungen vielleicht weniger nöthig, als die *Maxime* selbst: Ordnung unter den eignen Gedanken zu schaffen. Schwer kann dies einem hellen Kopfe kaum werden; und ein nicht allzuenger Gedankenkreis strebt von selbst zur Ordnung. Nur, eben weil das Geschäft leicht, und weil es deshalb die Liebhaberei oder gar der Stolz der schwächern Köpfe zu sein pflegt: wird es zuweilen da, wo es am fruchtbarsten werden könnte, aus Geringschätzung versäumt, und von einer schweifenden Genialität gehemmt. Daraus entsteht auf's Neue die Gefahr: von der Zeit fortgerissen zu werden. Denn jede Zeit hat ihre Lieblingsprobleme, und im Eifer für deren Bearbeitung pflegen es die rüstigen Lehrer und Schriftsteller so ziemlich zu vergessen, dass für junge Männer, die in mancher andern Rücksicht bald auf der Höhe der Zeit stehen mögen, der Lauf der speculativen Meinungen oft noch nicht die erste Bewegung gewonnen hat. Weit entfernt also, dass dem Studium seine richtigen Anfangspunkte gesichert wären: zersplittert sich vielmehr häufig die erste, frischeste Kraft und Lust an den unüberwindlichen Schwierigkeiten irgend eines verwickelten, mit Particularitäten überladenen Problems, dem so eben das philosophische Publicum die Ehre erweist, es zum Standpunkt zu wählen, um einmal von da die umliegende Gegend zu überschauen. So geht zum wenigsten eine kostbare Musse verloren; eine Musse, welche das spätere, mehr geschäftige Leben selten zurückbringt. Schon dieser Umstand, dass sich das philosophische Studium so oft wie in einem engen Raume behelfen muss: sollte die Aufmerksamkeit auf die sorgfältigste Anordnung desselben hinlenken. Vielen Menschen kann die Philosophie wohlthätig werden; aber nur wenige können sich ihr auf lange widmen. — Es ist nun hier nicht von der Anordnung des Lehrens, sondern des Selbstdenkens die Rede. Also von dem Zurechtstellen der Begriffe und Fragen, welches, nach logischer Art, die allgemeineren, und eben darum leichteren auf die vordern Plätze hinweist, damit weiterhin alles Specielle sich der Hülfe erfreuen könne, die ihm das vorher in's Reine Gebrachte, nach dem Verhältnisse der Unterordnung — zu leisten schuldig ist. Es fehlt in der neuern Geschichte der Philosophie nicht an Beispielen der übeln Folgen, die aus Vernachlässigung dieser Sorgfalt entsprungen sind. Insbesondre gehören dahin die Versuche: zur Wissenschaft, — dem Inbegriff dessen was *gewusst werden* soll, — den Eingang zu bahnen durch Hülfe des Begriffs vom *Wissen*. Soll dieser, für sich unfruchtbare Begriff der Untersuchung Stoff geben, so werden entweder *Formen* des Wissens (Formen der Sinnlichkeit, des Verstandes, der Vernunft), nicht ohne einen Seitenblick auf die wissenden Erkenntnissvermögen, und deren Verbindung in der Erkenntnissfabrik — als bekannt vorausgesetzt, und dadurch der frühern Untersuchung, der sie selbst noch bedurft hätten, entzogen. Oder es wird das wissende Subject näher bestimmt, das Wissen wird als That, als Zustand, als Wesenheit einer Intelligenz angesehen — man hat die Wahl, wenn auch nur durch einen Machtspruch; — der Begriff des *Ich* tritt hervor, der zwar trefflich taugt, eine Untersuchung von grösster Wichtigkeit herbeizuführen, nur aber eine Untersuchung, welche alle Schwierigkeiten der Metaphysik in sich vereinigt, und eben deswegen sich nicht wohl dazu schickt, an die Spitze der Wissenschaft zu treten. Angenommen einmal, es falle das auf sich selbst treffende Vorstellen des Ich in den, logisch höhern, Begriff der in sich zurückgehenden Thätigkeit: so steht wiederum dieser als eine Species unter dem allgemeinen Begriff der *That* überhaupt, — und wem noch der letztere nicht klar ist, der wird Mühe haben, der vorigen mächtig zu werden. Von einem Absoluten, das aus dem Einen der Eleaten, der Substanz des Spinoza, dem Ich des Fichte, den Ideen des Plato componirt — oder sublimirt ist, — um der neueren Physik und Kunst, und der indischen Würze, nicht zu erwähnen, — von einem solchen — Resultate — kann freilich da nicht die Rede sein, wo von wissenschaftlichen *Principien* gesprochen wird. Es ist viel zu erhaben, um zu den *Anfängen* gehören zu können. — Die allzukünstlichen Mischungen werden sich übrigens mit der Zeit ohne Zweifel wieder zerlegen, und die Begriffe, der logischen Statik gemäss, jeder nach seiner specifischen Schwere, sich heben oder senken, um ihren rechten Platz wieder einzunehmen. Hoffentlich wird unterdess die Speculation Uebung genug erlangt haben, um nicht noch einmal das für Metaphysik zu halten, was die Kantischen Kritiken erst dafür ausgegeben, und dann hinwegkritisirt haben.

Wie wesentliche Beiträge zur speculativen Geistesentwickelung nun auch die Uebung im Abstrahiren und Determiniren, im Definiren und Dividiren, zu leisten hat; wie sehr auch die Logik selbst noch manchen Verbesserungen, unter andern durch Rücksicht auf ihre Verwandtschaft mit der Combinationslehre, zugänglich sein möchte: nichts desto weniger ist es gewiss, dass da der speculative Geist erlöschen muss, wo ein blindes Behagen sich erzeugt, mit den höchsten möglichsten Allgemeinheiten zu spielen, ohne sich um ihren Zusammenhang mit dem Gegebenen zu bekümmern; oder alle möglichen Unterordnungen und Verflechtungen der Begriffe zu versuchen, ohne Frage, ob sie dem Sinn derselben entsprechen oder nicht. Wir wollen hier nicht schärfer untersuchen, wie grossen Antheil solche Spielerei an den neuesten Erscheinungen einer vermeinten philosophischen Genialität haben möge. Aber es gehört hierher, zu warnen vor dem so leicht sich einschleichenden Fehler: *im Bemühen, ein Problem allgemein genug zu fassen, über den eigenthümlichen Sinn desselben hinaus zu abstrahiren, und in eine leere Allgemeinheit sich zu verlieren, welche nicht mehr die wesentlichen Charaktere des Problems an sich trägt,* daher denn nur ein unfruchtbares Raisonniren über sie möglich ist. So wird wohl über der Frage: *was ist der Staat?* vergessen die Hauptfrage, nach einem *solchen* geselligen Verein, wie ihn die *Bestimmung der Menschen erfordert;* und die, *lediglich theoretische,* Entwickelung eines *möglichen* Allgemeinbegriffs nimmt sich am Ende heraus, die Autorität einer, durch *praktische Gebote* bestimmten Idee zu usurpiren. So Rousseau's *Contrat social;* welchem praktische Bedeutung beigelegt zu haben, dem Scharfsinn derer, welchen dies begegnete, — nicht ausgenommen den Urheber selbst, — eben keine Ehre macht. Ein ähnliches Raisonniren, das den Sinn der Frage vergessen hat, findet sich in den Logiken da, wo die möglichen *modi* der Schlussfiguren aus den, im Allgemeinen denkbaren, Stellungen des Mittelbegriffs abgeleitet werden; statt dass man fragen sollte, auf wie vielerlei Weise der Mittelbegriff *das, warum es zu thun ist,* nämlich die Verbindung zwischen Subject und Prädicat der Conclusion, möge hervorbringen können. Nicht minder verdirbt es die Untersuchung über das Ich, aus dem, durch's Bewusstsein legitimirten Begriff der Identität des Subjects und Objects *herauszuheben* die leere Allgemeinheit einer Identität des Handelnden und des Behandelten; — welcher die Bedeutung, die sie erhalten soll, nur zu leicht anderswoher erschlichen wird. — Abgesehen von den Fehlern, welchen, nachdem der Hauptpunkt vergessen ist, Thür und

Thor offen steht, — abgesehen von dem Mislingen der Auflösung dieses und jenes Problems, welches Mislingen sich schädlich genug erweisen wird, indem es, wie ein Rechnungsversehen durch die ganze fernere Rechnung, sich verbreitet: — entsteht auch aus dem Grübeln über leere Allgemeinheiten die traurige Gewohnheit des speculativen *Müssiggangs* mit der Einbildung einer grossen und ruhmwürdigen Geschäftigkeit; von wo die Misverhältnisse anfangen zwischen dem Grübler und den übrigen Menschen, ein eben so bekannter als widriger Gegenstand.

Fassen wir nun ein Problem bestimmt in's Auge: so wird sich dasselbe allemal darstellen in Form einer Frage, *wie Ein Begriff verbunden sein möge mit einem andern?* Jedes Problem muss angeben irgend ein A, worüber Auskunft verlangt wird; aber dieses A, *so fern* es angegeben wird, ist eben dadurch bekannt; um nun, was in Rücksicht des A noch unbekannt sei und erforscht werden solle, nur bezeichnen zu können, muss nothwendig noch irgend ein B angegeben werden, dessen Verhältniss zu A der Bestimmung entgegensieht. Es versteht sich, dass A sowohl als B wie immer zusammengesetzt sein können.

Sind nun diese Begriffe einander *bloss fremd*, ragen sie aus den Veranlassungen des Problems wie die beiden Enden eines zerrissenen Fadens hervor, — lautet die Frage so: wie lässt sich dies an jenes bringen? wie dies auf jenes zurückführen? dies aus jenem entwickeln? u. s. w.: so wird es darauf ankommen, das Getrennte durch Vermittelung zu verknüpfen; ein Drittes wird gefunden werden müssen, das schon mit jedem der Getrennten verbunden war, und nun sie beide verbindet. Frage man jetzt nicht weiter: wie ist dies Dritte zu finden? denn die Antwort möchte ein Viertes fordern, das schon stehen müsse zwischen dem Ersten und Dritten, — und so ferner ohne Ende. Hier also kommt es auf Kenntniss, glückliches Bemerken und Associiren, — auf reiche und rasche wissenschaftliche Phantasie an. Man wird sich in dem Umfange, in dem Inhalte der Begriffe umzusehen haben, um wahrzunehmen, welche Berührungen sich zwischen ihnen stiften lassen. — Einen ganz andern Charakter aber wird das Problem zeigen, sobald es fühlen lässt, was man im eigentlichen Verstande eine *Schwierigkeit* nennen kann. Wohl nicht *das* sollte eine Schwierigkeit heissen, wenn es bloss an Mitteln fehlt, A mit B in Zusammenhang zu bringen. Die Schwierigkeit *widersteht* vielmehr diesem Zusammenhange. Und da sie in dem Problem drin liegen soll, — die Begriffe widerstehen einander. Nämlich so, wie Begriffe widerstehen können, — durch *Widerspruch*. Man wird hoffentlich nicht glauben, dass es an dergleichen Problemen fehle. Die unüberwundenen Schwierigkeiten der Metaphysik, welche allen Künsten des associirenden Nachsinnens, allen Versuchen des glücklichen Errathens der Auflösung seit Jahrtausenden Trotz bieten: wo anders könnten sie ihren Sitz haben, als in Begriffen, die auf Verbindung Anspruch machen, eben indem sie einander widersprechen? — Dass nun, so lange die Widersprüche nicht aufgedeckt, wohl gar nicht aufgesucht sind, die Lösung auch noch nicht könne angefangen haben, ist wohl von selbst klar. Wie aber die *gefundenen* Widersprüche zu behandeln seien? auch das sollte man nicht lange fragen. Sie müssen *gerade verneint* werden. Warum? Weil sie sonst in dem Probleme stecken bleiben, das heisst, die Probleme ewig Probleme bleiben. —

Wir sind hier an der Gränze der gegenwärtigen Abhandlung über Speculation; welche einer wissenschaftlichen Methodik nicht vorgreifen kann.

III.

UEBER PHILOSOPHIE ALS WISSENSCHAFT.

Wenn das Streben nach Einheit — nach Concentration der Gedanken, nach ungetheilter Besinnung, — von Anfang an mit Recht als der Charakter aller philosophischen Studien ist angesehen worden: so können die seitdem angewachsenen Betrachtungen der Philosophie den Verdacht zuziehn, als ob sie, die ohne Zweifel die Lenkerin jener Studien sein soll, selbst Mangel leide an dem was von ihr erwartet wird. Zwei Wissenschaften statt Einer haben sich angekündigt, eine theoretische, die Metaphysik, eine praktische, die Aesthetik. Wie es um die innere Einheit jeder von beiden stehen werde? das liegt noch im Dunkeln; schwerlich aber dürfte von irgend einer unter ihnen diejenige Art der Einheit realisirt werden, welche den Philosophen damals vorschwebte, als sie die ganze Wissenschaft auf Ein Princip zu bauen gedachten. Wiewohl was sie eigentlich wollten, ihnen kaum recht klar gewesen ist, sonst würden sie sich weit sorgfältiger um die Regeln, ja um die Möglichkeit eines solchen Baues bekümmert haben. Denn so sehr waren und sind sie mit dem Materiale des Werks beschäftigt, dass, um diesem Beifall zu verschaffen, Versuche über Versuche in den mannigfaltigsten Wendungen über den gleichen Gegenstand hinzuschütten sich keiner gescheut hat; wie gewiss auch durch den bunten Bücherhaufen alle Züge geordneter Gestalt, die sich zu bilden etwa anfingen, mussten unkenntlich gemacht werden. — Wahrscheinlich ist der Gegenstand mächtiger gewesen, wie seine Bearbeiter; er hat sich in den Formen nicht halten wollen, denen man ihn anzupassen versuchte. Gestehen wir uns vor allen Dingen: der Philosoph ist nicht, wie der Künstler, Schöpfer der Form und Herr des Stoffs; sondern in seiner Hand formt der Gegenstand sich selbst; und wann derselbe fertig ist, muss man ihn lassen, wie er sich darstellt.

Verlangen also Metaphysik und Aesthetik, jede für sich zu bestehen, — nur verbunden durch den, zum Theil wenigstens, gemeinschaftlichen Vorhof, die Methodik, — verlangen auch in der Metaphysik selbst, einzelne Probleme eine Partie für sich zu bilden, und mit andern Partien bloss in Verhältnisse logischer Unter- und Nebenordnung zu treten; verlangen, eben so, verschiedene Künste eigenthümliche Antheile an der Aesthetik zu haben, und sondern selbst für jede einzelne Kunst sich mehrere einfache Geschmacksurtheile von einander: so kann die höchste Vereinigung für dies alles zunächst nur gesucht werden in der Einheit des Ueberblicks, und des, wenn schon vielgliedrigen, doch durch Einen Act des Denkens vollzogenen Gegensatzes aller Theile gegen einander. Auch hierin liegt Einheit der Besinnung; und sollte überall ein Vieles gedacht werden, so mussten irgendwo die Spaltungen anfangen absolut einzutreten; genug, wenn sie nur nicht zerstörend, verfälschend auf ein vorausgesetztes Eins trafen, dergleichen die neuern Systeme zu ihrer eigenen systematischen Verderbniss anzunehmen pflegen.

Was der Stolz der Speculation ist, und was im strengen Sinne vielleicht allein Speculation heissen sollte: *Nachweisung eines nothwendigen Zusammenhanges unter Begriffen*: dies kann nur in dem Inneren der kleineren Partien erwartet werden; besonders in der Metaphysik, wo die Widersprüche in den Problemen zur Auflösung *treiben* und *zwingen*. Rechnen wir aber jedes Bedürfniss der Mittelglieder zwischen getrennten Begriffen, die eine Verbindung *gestatten*, mit zu den Problemen, und gilt uns, dem gemäss, *alle Bemühung, zwischen den*

Begriffen die gehörigen Uebergänge zu bahnen, für *Speculation:* so hat die letztere nicht nur in der Metaphysik, sondern auch in der Aesthetik allenthalben zu thun, um nämlich zuvörderst die einfachsten Verhältnisse aufzuspüren, welche dem Geschmack zur Beurtheilung müssen vorgelegt werden, und alsdann die Construction und Anwendung der gefällten Urtheile zu besorgen. — Insofern ist es demnach ein allgemeiner Charakter der gesammten Philosophie, dass sie durch Speculation zu Stande kommt.

Diesem Charakter nahe verwandt ist ein anderer, der nicht nur die verschiedenen Theile der Philosophie, — die Methodik mit eingerechnet, — als einander ähnlich bezeichnet, sondern auch diese Wissenschaft von allen andern unterscheidet, — und, was nicht das Geringste ist, alles unbedachte Raisonniren — und alle Mystik — von der Philosophie ausstösst. — Es ist nämlich die Eigenthümlichkeit dieser unsrer Wissenschaft, dass sie *Begriffe* zu ihrem *Gegenstande* macht. Dagegen sind die übrigen Disciplinen vertieft im Auffassen dessen, was entweder gegeben ist, oder doch gegeben werden könnte. Selbst die Mathematik (denn von dem historischen Wissen ist nicht nöthig zu reden), so wie sie pflegt behandelt zu werden, denkt sich ihre abstractesten Formeln immer als Formeln für mögliche Fälle, und symbolisirt sehr gern ihre Functionen durch die Gestalt von Curven, wie sie überhaupt den Raum nur verlässt, um reicher an Mitteln zur Herrschaft in ihn zurückzukehren. Auch kann sie nur in dieser formellen Hinsicht von der Philosophie geschieden werden. Philosophisch behandelt, wird sie selbst ein Theil der Philosophie, die sich für ihr eigenes Bedürfniss eine Grössenlehre würde schaffen müssen, wenn noch keine vorhanden wäre. — Es giebt ein inneres Gefühl, welches den Moment kennbar macht, wo man aus was immer für andern Betrachtungsarten, oft unwillkürlich, in's Philosophiren übertritt. Das Loslassen des betrachteten Gegenstandes, an dessen Stelle ein blosses *Was*, — unabhängig von der Existenz, die ihm der Gegenstand leihen möge, unabhängig von den verborgenen Eigenschaften desselben, und von den Umständen der bisherigen oder noch künftigen Auffassung, — vor die Seele tritt, — die Vertiefung in den ergriffenen Gedanken, die Ausbildung dieses Gedankens, das Nachspüren, ob er durch seine Merkmale sich selbst genüge, oder ob er zu den bedürftigen gehöre, welche die Hülfe der eigentlichen Speculation erwarten, — ob er endlich vom Geschmack ein reines Gepräge zu erhalten entweder nicht fähig oder noch bestimmt sei: dieses Sinnen und Dichten, lediglich in der Gedankenwelt, ist es, welches wir nur um so vollkommener überzeugt für das wahre und ächte Philosophiren anerkennen, je länger wir einigen verehrungswürdigen Männern zusehen, welche, bei dem entschiedensten Talent sich in's Philosophiren zu erheben, gleichwohl lange genug darin auszuharren sich nicht entschliessen wollen. So eifrig trachten sie nach dem *Wahren*, nach dem *Sein*, — dass man in Versuchung geräth, sie zu erinnern, wie gewiss das Sein ihrer warten, und immer noch da sein werde, wenn sie auch noch so lange mit uns im Gebiete des Denkens verweilten. Aber nicht an dem Sein ist ihnen gelegen, sondern an Ihrem — baldigsten Ergreifen dieses Sein! Ja es giebt deren, die uns den Glückwunsch anzumuthen scheinen zu dem Griff, den ihr Genie schon vollbracht habe. Unglücklicherweise finden wir diese befangen in so vielen *Begriffen*, die, als Begriffe, der schulmässigen Bearbeitung bedürfen, um erst denkbar zu werden und nicht den Verstand zu zerrütten, dass es leicht wird, ihr Genie unbeneidet zu lassen. —

Vielleicht ist es nicht überflüssig zu zeigen, wie mit der Vertiefung in Begriffe, als dem Charakter der Philosophie, jenes so oft erwähnte Streben nach Einheit zusammentrifft, und im Grunde damit Eins und dasselbe ist. Die Begriffe nämlich sind, schon vermöge ihrer logischen Allgemeinheit, Sammlungspunkte des Denkens; erfüllen aber diese ihre Bestimmung nur in dem Masse wohl, wie sie von innern Dunkelheiten befreit werden. Sie sind auch Stemmungspunkte der Gegensätze, wo dergleichen vorkommen. Stehen vollends mehrere, sehr allgemeine Begriffe in nothwendigem, weit umhergreifendem Zusammenhange, — wie die meisten Begriffe der Metaphysik, — und ist dieser Zusammenhang noch nicht gehörig entwickelt: so wird in der Region des Mannigfaltigen, das, partienweise, den Begriffen untergeordnet ist, ein allgemeiner Drang gefühlt wie gegen ein unbekanntes Centrum, welches, gleichsam mit verbundenen Augen vielfältig umlaufen, doch nie getroffen, sich zum Gegenstande des peinlichen Suchens, des Eifers, der Ungeduld, endlich des Wortwechsels macht zwischen Gläubigen und Ungläubigen, und zwischen den verschiedenen Parteien, die es erreicht zu haben vermeinen. Behauptet nun Jemand, in der Mitte des Mannigfaltigen stehend, sich schon in diesem Centrum zu befinden: so muss er natürlich die *Anschauung* preisen über *dem Denken*. Denn er hat das *Gefühl des Sehens* vielmehr als des Begreifens, indem eben dies der Vorzug des Auges ist, mit Einem Blick die buntesten, reichsten Fluren so zu fassen, dass eine unendliche Möglichkeit, zergliedernd in's Einzelne hinabzusteigen, ohne eine Nothwendigkeit der Zusammensetzung aus dem Einzelnen, zugleich mit dem Anblick empfunden wird. Preisen wird er gewiss solch' eine reiche Anschauung, die auf einmal dem allgemeinen Drange Befriedigung giebt, eine Concentration aller der Befriedigungen, welche von Andern einzeln, und bei einzelnen Gelegenheiten gesucht wurden. Und die Befriedigung wird so vollkommen sein, dass sie gar bald das Gefühl des Bedürfnisses, dem sie entspricht, rein auslöschen, eben dadurch aber freilich sich selbst, als Befriedigung, aufheben müsste, — *indem alle Anschauung unfähig ist, nothwendigen Zusammenhang kennbar zu machen*, der nur durch *Unmöglichkeit* der *Trennung*, also nach *vorgängiger* Auffassung der *getrennten Glieder*, *gedacht* werden kann, — wenn nicht die Natur es verstünde, den über dem All gleichförmig ruhenden Blick durch ihre wundersamen

Erscheinungen hier und dort hin zu ziehn, durch diese Beschäftigung die „unendliche Langeweile", welche sonst nahe bevorstand, zu verhüten, — den eben eingeschlummerten Verstand wieder zu wecken, und das Denken, gleichsam wider Willen des Anschauens, im Gange zu erhalten. Aber so werden denn auch bald die Begriffe mit ihren Schwierigkeiten, mit ihrem Gefolge von Zweifeln und Streitigkeiten wieder hervortreten: bis man endlich einsehn wird, dass das gesuchte Centrum einem, lediglich in der *Form des Gegebenen* begründeten Bedürfnisse zu entsprechen hat, als eine *formale Gedankeneinheit,* worin die nothwendig verbundenen Begriffe, *als Begriffe,* verschmelzen müssen; ohne dass diese Verschmelzung, in der sich Vielheit und Einheit durchdringen, im mindesten dem Reellen sich mittheilen könnte, wo auch, ob in dem Subjectiven oder Objectiven oder zwischen beiden oder in beiden zugleich, man das Reelle suchen möge. Allerdings wird es unsrer Zeit noch Zeit kosten, von ihren vornehmen, ein solches Resultat gerade ausstossenden Täuschungen abzulassen; ist es aber geschehen, alsdann werden die philosophischen Begriffe nicht verfehlen, sich eben so wohl wie die mathematischen, den Erscheinungen und dem Leben mit Leichtigkeit anzuschliessen.

Es ist nicht angenehm, von einer Wissenschaft, deren Erscheinung in der Zukunft liegt, im Voraus zu sprechen. Um gekannt zu werden, muss sie dastehn; um sich zu empfehlen, muss sie lange gekannt sein; um sie zu bewähren, müssen nicht bloss Menschen, sondern Zeitalter sie erproben. Denn wir werden uns wohl hüten, für eine individuelle *Ueberzeugung* die Kraftworte aufzusuchen, welche von einer, neuerlich in dieser Hinsicht nur allzuwohl ausgebildeten Sprache könnten dargeboten werden. Einer Philosophie, die unter andern in der Dreistigkeit ihres psychologischen Blicks ihre Ehre sucht, kann es nicht einfallen, sich durch ihre *Evidenz* —

denjenigen, die diese Evidenz noch nicht haben, für die sie also noch blosses *Phänomen von dem Zustande eines Andern ist,* und sein *soll,* — anrühmen zu wollen.

Auch wäre es nicht zweckmässig, weitläuftig zu werden über die Vorurtheile einer grössern Menge sonst gebildeter Personen, welche nicht gern der Untersuchung preisgeben, was sie lieber im Dunkeln an's Herz drücken, nicht gern wachend prüfen mögen, was den Gegenstand ihrer seligen Träume antasten könnte. Man muss es sich schon gefallen lassen, von manchen Seiten her gescholten zu werden, sobald man das Reich der *Ahnungen* zu beunruhigen Miene macht. Es ist uns nichts Neues, Wehe und Entsetzen rufen zu hören über die *Begriffsmenschen*, und über die „*grässliche Klarheit*", womit heutiges Tages Jung und Alt von Seiten der speculativen Wissenschaften bedroht werde. So rufen wohl selbst die, welche sonst darin übereinstimmen: nicht vor dem Verstande, vielmehr vor der Dummheit habe man sich zu fürchten. — Wir verhehlen nicht, dass jener Weheruf uns eine süsse Musik sein würde, sobald derselbe durch unzweideutig vollführte That verdient wäre. Für jetzt aber dürften die Allzubesorgten sich wohl sicher genug damit trösten: dass *diejenige*, ächte Klarheit, welche durch eine *gesetzmässige* und *durchaus ruhige Speculation* gewonnen werden mag, gar nicht, wie die Werke des Enthusiasmus, in raschen Sprüngen vorzudringen im Stande ist, sondern aus Anstrengungen und Zweifeln sich schwerfällig hervorhebt, aus den einzelnen, geringen Erzeugnissen seltener Momente des Gelingens sich spät zu einem eng umschriebenen Ganzen abrundet, unaufhörlich zu neuen Prüfungen auffordernd neuen Aufenthalt verursacht, — bei jeder Mittheilung zahllose Hindernisse findet, die Meisten abschreckt, unter den Verständigen nur die sehr Geduldigen gewinnt, die Gewonnenen endlich zum Theil in furchtbare Richter verwandelt zu sehn sich gefasst halten muss. — Dieser Trost nun könnte schon für seine Aufrichtigkeit verdienen, dass dagegen auch diejenigen sich ein kleines Lächeln gefallen liessen, welche mit lautem Raisonnement herzhaft fechtend für eine verlorne Naivität, ganz vergessen, wie wenig die Naivität es verträgt, dass man von ihr spreche; — wie nahe, leider! dasjenige Zeitalter daran ist, sich zu verkünsteln, welches die Ahnung in Büchern abhandelt, die Anschauung zu Lehrsätzen ausmünzt, und sich wohl gar die Furcht vor den Fortschritten des Begreifens als eine Kraft und Stärke der Seele anrechnen möchte. — *Innigkeit des Mannes* ist ein ungesuchter Naturerfolg der *strengen Selbstbeherrschung;* Selbstbeherrschung aber geht aus von der *Festigkeit des Gedankens.* Die *Basis* nun der festesten Gedanken, diese, und nichts anders, wollen wir, wo wir reden von der *Wissenschaft.*

Ueberdas — die scharfe Speculation erleuchtet immer nur einzelne Stellen. Dicht daneben ist's desto dunkler. Und wie hell der ganze Kreis, den ihr Licht treffen kann, auch werden möchte: nur desto schwärzer würde die Nacht ringsum, nothwendig abstechen müssen. Seid unbesorgt wegen des Raums für die Ahnung. Sie wird ihn schon finden, ist nur ihr Princip im Menschen unverdorben erhalten.

Eine feste Wissenschaft — die sich *fest erhielte* in dem *Gemüth* des Wissenden, — eine solche zu gewinnen, möchten wir uns übrigens nicht schmeicheln, wenn wir dieselbe glaubten gründen zu müssen auf Principien, die nur in einer besondern Exaltation ergriffen werden könnten; so dass es noch in Frage käme, ob auch dieser und jener fähig sei zu solcher Erhebung, und dass man wohl gar an einen Unterschied denken dürfte zwischen Auserwählten und Gemeinen, Sehenden und Blinden, — dass endlich, bei fortdauerndem Streit unter den Auserwählten, jeder den andern auf eine niedere Stufe herab zu drücken sich genöthigt fände, indem, *kraft seiner Evidenz, seine* Behauptungen allein zur höchsten Stufe berechtigen könnten. — Vielmehr würden wir einen Jeden bitten, alsdann, wann es ihm um das Anfangen des philosophischen Denkens zu thun sei, sich tiefer und immer tiefer herabzulassen von jeder Höhe, die er etwa schon erreicht haben möchte; abzustreifen alles, was ihm von früher studirten philosophischen Systemen ankleben könnte, sich erst wieder zu versetzen in die gemeine Auffassung der gemeinen Erfahrung; jetzt aber die nämliche Aufmerksamkeit, welche in dieser Auffassung liegen kann, gleichsam anschwellen zu lassen, und, indem er ganz nahe zu einem kindlichen Zustande zurückgetreten wäre, sich doch dadurch recht kräftig vom Kinde zu unterscheiden, dass er die Fragen, die ihm entständen, nicht los liesse, die Fragepunkte auf's schärfste in's Auge fasste, durch's Wegwerfen aller Nebenumstände und Nebenbestimmungen schnell wieder aufstiege in's Reich der Begriffe, und fernerhin sich in völliger Ergebung führen liesse von der innern Nothwendigkeit der aufgefassten Probleme. Wie nun zu diesen Bewegungen des Geistes zwar eine gewisse Herrschaft über die eignen Gedanken gehört, zu welcher freilich nicht alle Menschen zu gelangen pflegen, aber doch nicht irgend ein Heraustreten aus der gewöhnlichen Denkart, oder gar irgend ein Umkehren der gemeinen Ansicht, — wozu nur der *Verlauf* der Forschung selbst würde berechtigen können; — wie demnach hier kein Anlass zum Wettstreit, wer am weitesten heraustreten, wer am übermüthigsten umkehren könne, zu finden sein dürfte: so muss es auch dem Denker selbst *niemals Mühe kosten, sich auf seinem*, nichts weniger als künstlichen *Standpunkte zu halten*, der ja die breite Basis der Erfahrung selbst ist; es muss ihm so wenig schwer sein, aus der Mitte der Beschäftigungen und Betrachtungen des täglichen Lebens hinüberzugehen in die einmal gebahnten Wege seiner Wissenschaft, dass vielmehr jede Erscheinung ihm dazu ein Fingerzeig wird, und das stets umherwandelnde Auge allenthalben nur die Erneuerung des willkürlosen Antriebs vorfindet, so und nicht anders fortschreitend im Denken, solche und keine andre Ueberzeugungen immer fester und weiter in sich wurzeln zu lassen.

Gewiss giebt es kaum eine andre, gleich undankbare Virtuosität, als die so oft geforderte, sich durch Acte reiner Selbstthätigkeit theoretische Principien zu schaffen, welche ausser allem Zusammenhange mit dem Gegebenen stehen. Das System, was daraus erwächst, entbehrt nicht nur der beständigen Ernährung durch die fortgehenden Auffassungen des Lebens, es erschöpft sich nicht nur in vergeblichen Bemühungen, die Ansichten, wodurch es die Erscheinungen sich zueignen und beherrschen möchte, fest zu bestimmen, rein auszuführen, und den sämmtlichen Umständen, der ganzen Eigenthümlichkeit der Erscheinungen anzupassen: sondern es wird in seiner Ausbildung unaufhörlich gestört durch den Fortgang der Erfahrungen und Meinungen; es verunstaltet sich durch Auswüchse, eben indem es sich gegen die Anfechtung zu behaupten sucht; und, während es in seinen Darstellungen auf grosse Nachsicht wegen des Ausdrucks rechnet, vermeidet es nicht den Verdacht, die Schwankung der Begriffe unter der noch grössern Schwankung in der Wahl der Worte und Wendungen zu verbergen.

Sich zu retten gegen die Macht der Erfahrung, hätte zwar der selbstständig sein wollende Rationalismus ein kräftiges Mittel. Die alten Eleaten haben es gebraucht. Die Neuern würden es kennen, wenn sie aufgelegt wären sich desselben zu bedienen; — aber, wie weit entfernt sind sie von der Resignation, welche die Anwendung desselben voraussetzt! Es ist kein anderes als dies: *die Gültigkeit der Erfahrung rein wegzuläugnen.* Alsdann steht es frei, das Eine, das reine, ungetrübte, in sich geschlossne Sein, dem Endlichkeit und Unendlichkeit *gleich fremd* sind, das mit der Erkenntniss seiner selbst zusammenfällt, mit einem Glanze zu behaupten, an den kein Bruno noch Spinoza denken darf. Alsdann ist es gestattet, die ganze Natur wie eine Feerei zum Gegenstand poetischer Scherze zu wählen, — versteht sich, nach vorangestellter Warnung, es wolle ja Niemand den Scherz für Ernst nehmen. — Hätte wohl ein heutiger Denker Lust dazu, seine Naturphilosophie nach Art des alten Parmenides mit diesen Worten anzukündigen:

— — — δόξας — βροτείας
Μάνθανε, κόσμον ἐμῶν ἐπέων ἀπατηλὸν ἀκούων.

Hat Jemand den Muth? so vergesse er nicht, dass er jetzt unerbittlich sein muss, nicht nur gegen das Schöne der Natur, sondern auch gegen das praktische Interesse der Geschichte; dass er fühllos sein muss gegen die Liebe, und gleichgültig gegen die Seligkeit. Erhaben über alle Sehnsucht, ruhet das Sein; das Sehnende ist *Nichts!*

— — — ἐπεὶ γένεσις καὶ ὄλεθρος
Τῆλε μάλ᾽ ἐπλάγχθησαν, ἀπῶσε δὲ πίστις ἀληθής.

Es giebt keine praktische Philosophie, denn was ihrer bedürfen könnte, das ist hinabgeschwunden in's Reich der Mährchen. — Die Ihr vom Absoluten redet, und noch umher irrt, suchend nach Versöhnungsmitteln des Endlichen mit dem Ewigen, — hier, wo der Abfall zur Fabel wird, hier ist der Gipfel, der Euer wartet!

Wir, die wir im Thal der Erfahrung geblieben sind, uns nur so weit erhebend, als *sie selbst uns hinaufwies,* — wir erfreuen uns dieser, wenn man will, geringen Erhebung, unter anderm darum, weil der Standpunkt unsrer Wissenschaft gerade hoch genug liegt, um das Feld der möglichen Erfahrung einigermassen im Voraus zu überschauen. Unsrer Philosophie kann am wenigsten *der* Vorwurf gemacht werden, dass sie die Unerfahrnen in goldne Träume wiege, aus welchen die rauhe Wirklichkeit sie einst erwecken werde. Vielmehr eben der Eindruck, welchen eine lange Erfahrung, ein langer Umgang mit der Welt wie sie ist, eine vollkommne Kenntniss der Schwierigkeiten, die sich aller Verbesserung in den Weg zu stellen pflegen, bei Männern, welche viel gehandelt haben, in den spätern Jahren zurückzulassen pflegt; eben dieser Eindruck, (wiewohl freilich nicht diese specielle Kenntniss), muss gleich Anfangs aus einer Wissenschaft entstehn, die in ihrem theoretischen Theile nur den Schooss des Wirklichen durchsucht, und sich auf nichts einlässt, als auf die Begriffe, zu welchen das Gegebene eben dadurch berechtigt, dass es zu ihnen hintreibt. Die Wissenschaft also bereitet eine *Empfänglichkeit für die Lehren fernerer Erfahrung*, deren gerades Gegentheil man sonst den Schülern der Philosophie nicht mit Unrecht zur Last zu legen pflegt. — „Und der Gewinn dieser Empfänglichkeit?" — Sollen wir hier etwa wiederum die Ahnenden, die Hoffenden, — oder vielmehr die Zärtlinge unter ihnen reden lassen, welche es recht gern sähen, wenn im Menschen ein Princip wäre, das ihm nie gestattete, klug zu werden? Ja, es giebt deren, die nie klug werden; gefährliche Menschen für sich und Andre! Es giebt ihrer viel mehrere, die wider ihren eigenen Willen klug geworden sind, weil sie mussten, und die sich noch heute läugnen möchten, dass sie es sind, wenn sie nur könnten. Für sie ist die Klugheit eine Krankheit. Sie drückt sie nieder, weil die eben so unerwarteten als ungelegenen Erfahrungen, deren erzwungenes Product sie ist, ihnen in den früheren Jahren das Reich der Wünsche angriffen, den Plan des Lebens zerrütteten, genommene Massregeln vereitelten, und des Muthes und der Kraft zu spotten schienen, mit deren sicheren Erfolgen sie sich geschmeichelt hatten. Welche Klugheit so entsteht, die ist muthlos bei jedem Schritt, den nicht ein Andrer zuvor versuchte, — ein Verwegener ohne Zweifel, denn wer soll denn sonst versuchen, wenn es keine leitende Wissenschaft giebt? — Und nicht nur muthlos, sie ist auch lau und kleinlich gesinnt, wo eine praktische Idee den Versuch verlangt; sie möchte gern die Autorität der Idee läugnen, weil sie nur weiss, was *nicht geht*, aber keinen Vorblick hat für das noch unausgeführte Ausführbare. — Endlich ist sie unvorsichtig noch im Alter mit wahrhaft jugendlichem Leichtsinn in *der* Sphäre, wo der Mensch es ungestraft sein kann, nämlich in dem Felde der Meinungen von dem Uebersinnlichen. Hart an der Gränze, wo die Gefahr aufhört, verwandelt sich solche Klugheit in einen Glauben, der ohne weitere Unterscheidung annimmt was ihm lieb ist, und sich gar nicht anfechten lässt von der Frage, ob es auch wahr sei. Gleichwohl bleibt die Frage nicht aus. Sie fällt einem von denjenigen ein, welchen der Glaubende sich mittheilte. Alsdann beginnen die *Zweifel* mit ihrer Pein und ihren neuen Gefahren. —

Um hinweggesetzt zu werden über solche drückende Klugheit, — deren Stelle bei minder gutgesinnten Menschen gar die List und die Falschheit einzunehmen pflegt; — um durch keine, noch so widrige Erfahrungen irre zu werden an praktischen Gesetzen, und an der allgemeinen Möglichkeit des Bessern: dafür gerade ist es Wohlthat, das Praktische vom Theoretischen in Begriffen rein getrennt zu haben, und geübt zu sein es getrennt zu erhalten, damit nie eins im Namen des andern zu reden, oder gar zwischen beiden eine Feindschaft auf übermässige Freundschaft, nach menschlicher Art, zu folgen scheine.

Allzunahe liegt hier die gewöhnliche Annahme eines *Weltplans*, um dieselbe ganz mit Stillschweigen zu übergehn. Es werde also über diesen Gegenstand, der zwar viel zu tiefe Wurzeln hat in dem Ganzen der Philosophie, um hier genau darauf einzutreten, — so viel wenigstens bemerkt: dass die bekannten Behauptungen, welche weit hinausgehn über alle Empirie, in unmittelbarem Zusammenhange stehn mit der oft gerügten Vermengung theoretischer und praktischer Principien. Ferner scheint es, als sollte die Gegenwart durch die bessere Zukunft ausgelöscht werden, und als gehörte eine nachfolgende Zeit dem Ewigen näher an wie eine vorhergehende. Oder soll man die Analogie zweier unmöglichen Wurzeln herbeiziehn, die mit einander multiplicirt ein mögliches Product geben, in welche auch, wenn man lieber will, eine mögliche Grösse kann zerlegt werden? Dann wäre nicht zu vergessen, dass die Wurzeln *beide* unmöglich sein müssen, das heisst, dass jede von beiden derjenigen Grösse, als deren Evolution sie anzusehen sind, im höchsten Grade unähnlich sein muss. — Mischt sich vollends der Verdruss über die Gegenwart in die Begeisterung für die Zukunft; ein Verdruss, den der ungeordnete Zusammenstoss menschlicher Verhältnisse so leicht erzeugt, und von dem uns ein wenig mehr Ausarbeitung menschlicher Wissenschaft und Kunst allerdings möchte befreien können: so ist zu besorgen, dass über dem Verdriesslichen das, was uns nicht verdriesst, sei vergessen worden; und dass Eindrücke, gegen die unsre Empfindlichkeit sich freilich nicht leicht abhärtet, und auch nicht abhärten soll, aus ihrer praktischen Sphäre wiederum in die theoretische hinübergesprungen sind, und auf Sätze gewirkt haben, welche, sofern sie in die Philosophie aufgenommen werden, erhaben sein sollten über den Einfluss der Unzufriedenheit mit zeitlichen und örtlichen Phänomenen. Endlich: unter der Voraussetzung eines Weltplans zu *handeln*, ist ein ziemlich sicheres Mittel, sich um die richtige Auffassung dessen zu bringen, was beim Handeln zu beobachten ist. Dass es unzeitig sei, eben in dem Augenblick in religiöse Contemplation zu versinken, wo man wirken soll, ist bekannt. Nicht weniger unzeitig ist es, sich alsdann an die Voraussetzung eines höhern Plans zu halten, wann es gerade darauf ankommt, selbst Pläne zu machen. Durch die schönsten Gesinnungen wird die Unvorsichtigkeit nicht verbessert, welche die Ergänzung der eignen, mangelhaften Pläne, anstatt darnach fortdauernd zu suchen, getrost von oben erwartet. Dass demjenigen der Muth gehoben wird, der sich als Werkzeug in höherer Hand betrachtet, ist nicht zu bezweifeln. Er wird also nicht fehlen wie die Muthlosen; aber er kann fehlen wie die Uebermüthigen. Wohin *sein* Muth ihn treibt, wohin sein Sinn eben steht, *das* ist ihm angedeutet durch die höhere Hand; und *dem* angemessen ist der Weltplan, den Er voraussetzt. Wir sehn wohl, das Individuum gewinnt dadurch an Kraft, es wird *mehr*, was es schon war; wir werden auch von der grössern Kraft einen grösseren Effect erwarten. Aber ob einen *richtigen* Effect? *Die* Fähigkeit, das eigne

Urtheil zu berichtigen, ist um eben so viel kleiner, als der Muth grösser geworden. So treten vielleicht Phänomene in die Geschichte ein, — Phänomene, welche der Strom der nachfolgenden Zeit bald genug wieder auslöscht, weil die Frage von dem, was dauern könne, so schlecht überlegt war. Und möchten sie dauern: wie weit noch von da bis zu solchen Monumenten, die den Urheber wahrhaft ehren, und welchen die Nachwelt einen reinen Dank wird widmen können! — Endlich, welcher heilsamen Unvorsichtigkeiten die Geschichte mit Ruhm erwähnt, eben diese sind verführerisch, indem sie vergessen machen, wie weit mehrere andre gerade darum mit ewigem Schweigen bedeckt sind, weil die Gunst eines seltenen Glücks ihnen versagt war. —

Nicht vermischt, aber wohl *verbunden*, und *zu gleichen Graden der Klarheit und Geläufigkeit erhoben*, geben die theoretische und praktische Forschung dem Handeln die richtige Leitung! Das praktische Urtheil ist die innerste Seele der Entschliessungen des sittlichen Menschen. Man könnte hier von Begeisterung reden, wenn nicht Begeisterung so nahe zusammenfiele mit Anwandlung eines fremden Geistes auf kurze Zeit. Ohnedies fehlt unter den Tugenden des Begeisterten die *Wachsamkeit*, welche das praktische Urtheil unaufhörlich auszuüben hat, während die hinzutretende theoretische Ueberlegung beschäftigt ist, die Wege und Mittel aufzuspüren, wie jene Seele der Entschliessungen sich in äusserer That offenbaren könne. Wie viele der Mittel, die sich darbieten, müssen verworfen werden, weil sie *schlechte Mittel* sind bei aller Zweckmässigkeit! Wie oft hinwiederum muss nach neuen Mitteln gesucht werden, weil der Zweck doch erreicht werden soll! — Dies Zusammenarbeiten der praktischen und theoretischen Ueberlegung, — glaubt man wirklich es zu ordnen, zu dirigiren, indem man die Principien beider durch einander wirft? So viel ist sicher, dass eine Wissenschaft, welche wohlthätig darauf wirken will, es auf keiner von beiden Seiten darf fehlen lassen, — und dass ein Studium, welches sich solcher Wissenschaft in solcher Absicht bemächtigen will, gleiche Sorgfalt für jeden von ihren beiden Theilen verwenden muss.

Unstreitig jedoch nähert sich die Verbindung der beiden Theile einem Zusammenfliessen, wenn die Rede ist von der Gesinnung des vollendeten Menschen. Von derjenigen Gesinnung, in welcher er durchaus *ruhet*, und eben so wenig fortarbeitet an der systematischen Aufstellung der Wissenschaft, als in den Geschäften seines weltlichen Lebens. Es ist natürlich, dass, sobald jeder Anreiz aufhört, der das Gemüth nach dieser oder jener Seite vorzugsweise hinlenken könnte, ein Gleichgewicht eintritt, in welchem die verschiedenen Elemente unsrer Denkungsart, gerade bei dem am richtigsten Gebildeten sich am gleichmässigsten vereinigt vorfinden. Nach Gleichmuth strebt überdas jeder philosophische Charakter, weil nur dadurch eine feste Besinnung, nur dadurch Einheit mit uns selbst möglich wird. Und es ist kein Wunder, wenn gerade dieses nämliche Streben selbst die Angelegenheiten der Philosophie als Wissenschaft verwirrt. Die Bedürfnisse des Systems sind nicht die höchsten Bedürfnisse des Menschen. Jene befriedigen, kann nur eine vorbereitende Hülfe sein, um diesen so viel leichter und besser zu entsprechen. Und wem die Natur eines Systems, als eines solchen, nicht klar vorschwebt, wie sollte er sich nicht getrieben fühlen, den scheinbar kürzesten Weg, um sich selbst zu genügen, einzuschlagen, in der Voraussetzung, eben dieser Weg müsse zugleich der richtige sein zu dem einzig richtigen Systeme? Wer hat nicht irgend einmal sich ertappt über solchen Täuschungen!

Die Einheit des ausgebildeten Gleichmuths, möchte sie ein nach allen Seiten vollendetes System in sich fassen, würde doch sicherlich durch dasselbe bei weitem noch nicht vollständig beschrieben sein. Der Gewissheit des Systems schliessen sich Wahrscheinlichkeiten an: menschliches Gefühl fügt zur Wahrscheinlichkeit die Erwartung, die Hoffnung, endlich die Ahnung, in allen Abstufungen, und mit allem Wechsel der Formen, welche dafür die freie Phantasie nur erfinden mag. Was nun dem vollendeten Menschen das Theuerste sei? ob das Wissen? oder was sonst? — möchtet Ihr im Ernst eine solche Frage an ihn richten? Vielleicht eine ganz einfache Gegenfrage würde er erwiedern. „Seht, dort steht ein Haus, in edelm Styl gebaut, und getragen von einem soliden Fundament. Was mag doch das Trefflichste sein an dem Hause? das Fundament? oder die Wohlgestalt und die bequeme Einrichtung?" —

Wer der reichen Einheit des ausgebildeten Gleichmuths tiefer' nachdenkt, findet sich gewiss erinnert an Religion. Werden wir näher hinzutreten zu diesem grossen Gegenstande? — Es gab eine Zeit, wo die Philosophen es schwerer, als billig, fanden, hierüber zu reden: — ohne Zweifel, weil sie, noch früherhin, *zu viel* hatten davon *wissen* wollen. Jetzt auf einmal ist eine wunderbare Leichtigkeit eingetreten, von Religion zu sprechen. Darum ziehn wir es vor, davon zu schweigen.

Aber nichts verhindert, auszusagen von der Philosophie, dass sie die Macht hat, hinweg zu setzen über die Zeit, und felsenfeste Standpunkte zu geben, von welchen zwar nicht ohne Theilnahme, aber in der tiefsten Seele unangefochten, hinabzuschauen erlaubt ist in den anspülenden Strom der Erscheinungen, der die Umstände des menschlichen Erdenlebens im steten Wandel vorbeiführt. Zu erkennen, was wahrhaft Ist, und ruht, und nicht aus sich heraus und *nicht* in sich zurück geht: schon dies blosse Erkennen, ohne noch ein höheres Interesse daran zu nehmen, lässt den Geist haften in der *übersinnlichen* Welt, und hilft ihm los von dem Warten in Einer Zeit auf eine andre Zeit, als ob irgend eine Zeit das Ewige sein könnte. — Von dort her gesehen, wie schwindet alles zusammen, was den Menschen drückt, dem unter Menschen nicht wohl ist! Von dort her gesehen, wie hebt sich der Schmuck hervor, welchen dem erhabensten Künstler die Wesen verdanken, die nur dadurch erst einen

Werth erlangen, dass ihnen beschieden ward, abzubilden das Würdige und Schöne, bestehend zugleich und wechselnd, in den wundervollen Kreisen, deren Umschwung Natur heisst. Mit diesem Blick betrachtet, werden die Gaben und Kräfte des leiblichen Lebens ein Anreiz, mitzuwirken in dem allumfassenden und Alles erregenden Kunstwerk, um auch in der staubgebornen Hülle etwas mehr zu sein als das Blatt, das den Baum kleidet, dann welkt und abfällt. — Die heilige Stirne der Pflicht scheint entwölkt, bei allem Ernst, der ihr kommt von den ewigen Ideen, in deren Namen sie eingesetzt ist zu richten über die innern Erscheinungen der zur Vernunft gebildeten Wesen. Mit der Kenntniss der Ideen, dieser reinen Musterbilder, welche einzuführen in's Dasein alles Geistes Bestimmung ist, und mit der Einsicht in das Reich der Wesen, als dem Fundament der Natur, — fühlt der Sterbliche sich ausgerüstet für mehr als Ein Leben; er fühlt das jetzige neu beginnen, indem es neu geordnet wird; und es ahnet ihm, jenseits der Gränze, eine zweite Jugend, deren Blüthe, noch besser gepflegt, auch noch glänzender die Vollkommenheit des Keimes offenbaren solle. Indess ergreift er die Jugend, die eben jetzt ihn umgiebt, ihren Frohsinn zu mehren und ihren Wachsthum zu schützen, und zu sorgen, dass die Vermächtnisse der Vorwelt, veredelt durch weise Verwaltung, den Dank der Söhne einer späteren Zeit verdienen und gewinnen mögen. Dadurch wird der Erdenzeit eine Bestimmung *gegeben*.

Sollen wir es noch sagen, wie weit wir, ungeachtet der Anknüpfung an die Erfahrung, entfernt sind, das anzuerkennen, was man sich gegenwärtig unter Empirismus denkt? Sollen wir uns stemmen gegen diejenigen, welche genug gethan glauben, wenn sie den Alles widerlegenden Namen: Empiriker! ausgesprochen haben? Sollen wir untersuchen, ob sie wohl je einen speculativen Blick auf die Natur warfen, der nicht schon getrübt gewesen wäre durch vorgefasste, in die Natur hineinzutragende Ideen? Sollen wir versichern, dass eben dies Hineintragen die Ursache des Miskennens der eigentlichen Probleme geworden ist, welche die Erfahrung selbst aufgiebt? Sollen wir klagen über den Mangel an Achtsamkeit auf die Frage, wie der Substanz Attribute einwohnen können, und wie sie durch Accidenzen sich herdurchwälzen möge? Ueber den Mangel an Achtsamkeit auf die Grössenbegriffe, welche, durch alle Erscheinungen hervorgerufen, mathematischen Blick zur unerlasslichen Bedingung aller Forschung machen? Ueber die unendliche Nachgiebigkeit gegen Kantische Vorstellungsarten, die auf alle neuern Systeme bei ihrem Entstehen so mächtig einwirkten, im Fortgange, sogar unbewusst, verlassen, aber niemals von Grund aus hinweggehoben, und in ihrer Unrichtigkeit dargestellt wurden? Ueber den Leichtsinn, der in den neuesten Zeiten alle Systeme durch einander geworfen hat, schlechterdings ohne Respect gegen die Mauern, womit frühere Denker das Ihrige zu schützen gesucht hatten? — Wo wäre hier das Ende? Auch diese Phänomene der Zeit sind ja zu ertragen; sie werden, von dem höhern Standpunkte gesehen, klein, und zeigen leicht genug den Stempel der Vergänglichkeit.

Wir haben es nicht gescheut, Ansichten einigermassen zu verrathen, deren Principien hier nicht aufgestellt werden konnten. Unbefangenen Lesern konnten diese Ansichten willkommen sein, um damit zu vergleichen, was zuvor über die Nothwendigkeit gesagt war, theoretisches und praktisches Forschen, den Principien nach, von einander zu sondern, hingegen in den Resultaten wieder zu verknüpfen. Wer aber mit der Unbefangenheit auch noch Aufmerksamkeit verbindet: der wird sich hüten, die Beleuchtung nicht mit dem beleuchteten Gegenstande zu verwechseln. Er wird sich erinnern, dass die Scheidung der Frage nach dem was sei, und was man für wahr und richtig anerkennen müsse, — von jener andern Frage nach dem, was, wiewohl es nicht wäre, dennoch sein sollte, oder sich geziemte, sich gebührte, und zur Beurtheilung dessen, was sei, den Massstab hergebe, — dass diese Scheidung, welche schlechterdings jedes Vereinigungs-*Princip* ausschlägt, gefordert wurde von einer *unmittelbaren Besinnung*, und von einer Rechenschaft, die sich ein Jeder, während er nachdenkt, zu geben hat über das was er sucht. Soll nun diese Besinnung eine wissenschaftliche Unterstützung und Erleichterung erhalten: so muss man in die Mitte der Wissenschaft selbst hineintreten. Entweder polemisch; indem man zeigt, wie diejenigen, welche vor der Vermengung der Principien sich *nicht* hüten, gerade da, wo sie das Schönste und Herrlichste nachzuweisen gedenken, auf den nackten, harten Felsen lediglich theoretischer Begriffe, (z. B. vom Sein und Werden und deren vorgeblicher, aber *widersprechender*, und *eben darum angestaunter* Vereinigung), zu stossen pflegen; wo ihnen denn das Licht des Geschmacks, wie von einem giftigen Dunste angehaucht, verlöschen muss, so, dass sie im Dunkeln stehn bleiben, und, bei vollem Verstande, in den Unsinn der Mystik sich zu werfen gezwungen sind. Diese polemische Unterstützung der geforderten Besinnung kann ein Jeder, der einige Lectüre hat, sich selbst geben; man muthe uns nicht an — für jetzt wenigstens nicht, — das unangenehme Geschäft, auf Verirrungen sehr schätzbarer Männer hinzuweisen, vollends auszuführen. Oder die wissenschaftliche Unterstützung muss durch die Wissenschaft selbst gegeben werden; durch eigne Principien, Lehrsätze und Resultate; welche in zweien, durchaus von einander unabhängigen Reihen hervortreten werden. Was nun diese Wissenschaft betrifft: so versteht es sich, dass derselben die sämmtlichen Anhänger der jetzt geltenden Systeme Principien und Methoden ohne alle Ausnahme gänzlich abläugnen müssen; gerade so, wie man ihnen die Principien geläugnet, und, was Methode betrifft, zugleich mit derselben den Meisten auch sogar das ernste und durchgeführte Streben darnach abgesprochen hat. Das Einzige werden die Gegner anerkennen müssen: dass die Principien, welche in den zwei gesonderten Reihen einander gegenüberstehen, schlechterdings keine Aehnlichkeit mit einander haben, und dass es unmöglich sei, dem offenbaren Contraste die Augen zu verschliessen. Einen Lehrsatz aber, und wohl gar einen Beweis, man müsse die zwei Reihen einander entgegensetzen, darf Niemand erwarten. In welcher von beiden sollte er doch vorkommen? da keine über die andre zu *bestimmen* hat; selbst in denjenigen spätern Theilen nicht, wo die eine das *Object* der andern wird, — die Acte des Geschmacks unter den Versuch theoretischer Erklärung fallen, und rückwärts die theoretische Wahrheit in den Dienst praktischer Anwendung genommen wird. —

Etwas Anderes nun als vorlegen, hinstellen, in's Licht setzen, die Vergleichung möglich machen, und — die Wahl einem Jeden anheim stellen: ein andres philosophisches Mittel wenigstens, um ein philosophisches Lehrgebäude zu empfehlen, wird schwerlich angewendet werden können. Es kommt alsdann auf die Sinnesart an, die ein Jeder mitbringt. Verblendete von ihren Gewöhnungen zu heilen, eine angenommene Vorliebe auszulöschen, ist nicht die Sache eines Systems. Es kann sein, dass Manche, die zwar den Unterschied zwischen Erkenntniss und Geschmacksurtheil, zwischen den Fragen nach dem Sein und dem Sollen, gar wohl zu verstehen, und *in sich zu finden* sich nicht verhehlen können, nichts desto weniger der Meinung sind, dieser Unterschied *solle sich nicht finden* und es *gebühre* sich, ihn zu verwerfen; — es kann sein, dass, indem sie nun eben darum gleichsam Hand anlegen, ihn hinauszuwerfen aus ihrem Gemüthe, sie über dem Eifer gar nicht merken, wie gerade hier ihr Geschmack mit ihrer Erkenntniss entzweit ist, und das Beispiel dessen, was sie verwerfen, in diesem Verwerfen selbst sich unaufhörlich aufdringt. Es kann sein, dass ein Princip, welches sie nun nach ihrem Geschmack sich gewählt haben, unter der Hand — wie sich's der Geschmack in menschlichen Gemüthern auch wohl sonst pflegt gefallen zu lassen, wenn ihm die Speculation nicht den Gegenstand *fest hält*, — für allerlei Bequemlichkeiten theoretischer Forschung, und wohl auch noch für andre Bequemlichkeiten, eine gefällige Aufmerksamkeit bezeugt; und sich allmählig so anfüllt mit allem, was man von ihm verlangen könnte, dass zwar von ihm selbst kein deutlicher Begriff mehr möglich ist, dagegen aber alle Begriffe bei ihm zu haben sind, und die Unkundigen in's höchste Erstaunen gerathen müssen über das unerschöpfliche Füllhorn, welches, was sie nur wollen, ausschüttet, nachdem ihnen selbst die Erlaubniss gegeben war, was immer ihnen einfallen möchte, als enthalten in demselben vorauszusetzen. Es kann sein, dass Lehren, welche ein ungezügeltes Spiel der Phantasie begünstigen, in diesem Vortheil eine Kraft besitzen, der eben so wenig die Aufforderung zur ruhigen Besinnung, als die Darlegung dessen, was einer solchen Besinnung sich offenbaren muss, das Gegengewicht zu halten vermöchte.

Es kann, nichts desto weniger, auch Individuen geben, — oder vielmehr — es giebt Individuen, welchen nicht nur die geforderte Unterscheidung ganz leicht wird, — und in der That, dem blossen Nachdenken ist es beinahe unmöglich, eine Schwierigkeit darin zu entdecken, — sondern welche auch nicht abgeneigt sind, sich dieselbe zu *gestehen*. Da fragt es sich dann zunächst weiter, ob es ihnen gelinge, der eigenthümlichen Aufgaben inne zu werden, aus denen der theoretische, aus denen der praktische Theil der Philosophie hervorgeht. Es ist möglich, ja es hat sich gezeigt, dass Einigen die Aufgaben des einen, Andern die des andern Theils zugänglicher sind; wie es sich denn auch namentlich in Rücksicht der praktischen Philosophie wiederum offenbart, dass fast Jeder, der von ihr Kunde nimmt, eine sehr merkliche, aber bei Verschiedenen verschiedene Einseitigkeit mitbringt, vermöge welcher sich einige unter den Grundideen der Wissenschaft klärer, andre dunkler und schwieriger im Gemüthe erzeugen;

eine Einseitigkeit, die sich genau nach den Beschäftigungen und Studien eines Jeden zu richten pflegt; und die nicht ermangelt, sich auch bei den Schriftstellern über praktische Gegenstände, nur sehr vergrössert und ausgearbeitet, vorzufinden. Demnach lässt es sich eben nicht erwarten, dass Jemanden darum, weil einzelne Lehren der Wissenschaft bei ihm Eingang erhielten, das Ganze derselben durchweg in gleichem Masse willkommen sein werde. Jedoch betrifft dies nur die erste Aufnahme, welche der Wissenschaft zu Theil wird; denn eine beharrliche, und den schwächer aufgefassten Punkten vorzugsweise gewidmete Aufmerksamkeit ist im Stande, der Einseitigkeit abzuhelfen, besonders bei zunehmender allgemeiner Uebung in den mannigfaltigen Bewegungen der Speculation. Dagegen aber ist eben diese Einseitigkeit, — welche nicht eher überwunden werden kann, als bis sie sich durch ihre Aeusserungen verrathen hat, — ein starker Grund, die Aufmunterungen zum Selbstdenken, unabhängig von aller Anleitung, minder unbedingt auszusprechen. Denn das eigne Denken, wenn es nicht eine lange Reihe von Jahren hindurch fortgedauert, und während derselben eine Menge ganz verschiedener Antriebe erhalten und befolgt hat, vertieft sich, eben je mehr Energie es besitzt, desto vollkommner und dauernder in irgend eine einzelne Aufgabe, nicht ohne Gewinn an Erkenntniss und Methode, aber zum grossen Nachtheil vieler andern, eben so unmittelbar vorliegenden Gegenstände, welche sich's gefallen lassen müssen, als untergeordnet, mit schwächerem und sehr oft falschem Lichte beleuchtet zu werden. — Es diene also das Studium fremder, und mehrerer Systeme, und die von verschiedenem Ursprunge seien nach Zeit und Ort, zum leichteren Auffinden dessen, was Natur und Bewusstsein von verschiedenen Seiten her zu denken geben. Aber durchaus versagt, und verwehrt durch einen kräftigen inneren Machtspruch, sei die verkehrte und schädliche Einbildung, als heisse *das* Prüfung eines Systems, wenn man sich fragt und in sich nachfühlt, *ob man Ge-*

fallen finde an den Lehren desselben? ob es behagliche *Ansichten* gebe von der Welt und dem Leben? — Da wo wirklich der ursprüngliche Beifall zu sprechen hat, muss das System schweigen; nachdem es den Gegenstand des Beifalls vorgelegt hatte. Aber da, wo das System redet, fragt es nicht, was uns gefalle; sondern es setzt voraus, dass wir nicht umhin können ihm zu folgen, dass seine Methoden die Folgerung mit sich bringen. Wer nun gleichwohl nicht nach der Methode sich erkundigen, sondern mit lüsternem Auge nur Ansichten zu erhaschen suchen würde, um der Bestechung, die ohnehin von daher droht, noch gar entgegenzugehn: der wäre sicherlich weit entfernt von der so oft geforderten Besinnung, dass die blosse Wahrheit sich nicht richtet nach Forderungen des Geschmacks.

Leidlicher noch, als die Begierde nach denjenigen Ansichten, die das System, hinzeigend auf die Welt, eröffnen und darstellen möge, wäre das Bemühen, von dem System selbst eine Ansicht zu gewinnen, so dass es, seiner Gestalt und Bewegung nach, das Object derselben würde. Wer schon speculativen Blick besitzt, der unterscheidet die Systeme an ihrem Gange: ob es ein fester Schritt sei, oder ob er in's Springen, in's Taumeln, in's Hinken zu gerathen pflege, vielleicht auch ganz fehle, und alle Glieder gelähmt und starr hingestreckt da liegen. Sicher ist dies ein Gegenstand des Geschmacks; und es setzt den Urheber des Systems einer Kritik aus, wenn ihm Aufschlüsse entgingen, worauf schon der speculative Tact ihn leiten konnte. Verwandelt sich jedoch eben dieser Tact in Liebhaberei, so ist für den Urheber und für den Prüfer die Gefahr gleich gross, zu verfehlen was gesucht wurde, nämlich die Wahrheit. Nicht aller Boden verstattet einerlei Gang; und wenn die Methode sich von der Sache entfernt, verfällt sie in Kunststücke ohne Werth und ohne Würde.

Ob nun das Prüfen und Durcharbeiten eines oder mehrerer Systeme zur Erzeugung einer festen, lautern, und schon dadurch heitern Ueberzeugung wirklich vorbereiten werde? — Ob gegen treue Befolgung und Benutzung der hier gegebenen Weisungen und Winke ein gelingendes philosophisches Studium, in jedem Sinne, versprochen und verbürgt werden dürfte? — Sollte Jemand so fragen, sei es nun, um Zweifel, oder um Vertrauen dadurch auszudrücken: so würden wir, mit Vorbeigehung der Gegenfrage, was überhaupt eine Bürgschaft, dem Einen vom Andern in Sachen der eignen Ueberzeugung geleistet, möchte bedeuten können — daran vorzüglich erinnern, dass von Anfang an das philosophische Studium nicht auf Philosophie als Wissenschaft allein ist beschränkt worden. Gesetzt, man dürfte ein richtiges System einem guten Seherohr vergleichen: so würde gewiss das Seherohr nichts nützen, wenn nicht eine Menge von Gegenständen bekannt wären und bereit lägen, deren Betrachtung dadurch erleichtert würde. Nun ist zwar die tägliche Erfahrung und das tägliche Leben gar sehr reich an Gegenständen; und es kommt nur darauf an, ob die Art des Philosophirens sich denselben anzupassen geschickt ist. Es fallen aber bekanntlich die nämlichen Gegenstände partienweise in das Gebiet andrer Wissenschaften, welche theils darüber mannigfaltigen Aufschluss geben, theils wenigstens geordnete Uebersichten dafür anzubieten haben. Darf es noch gesagt werden, dass eben diese Wissenschaften es sind, welche die philosophischen Ansichten vermitteln, und es übernehmen müssen, den Stoff gleichsam vorzubereiten und zurechtzulegen für das Werkzeug, womit das geistige Auge sich bewaffnet hat? — Wie wenig nun auch hier der Ort ist, die Vermittelung selbst, für specielle Fälle, genauer zu bestimmen: — muss wohl das Werkzeug den natürlichen Blick verdrängen? muss man aufhören das blosse Auge zu üben, nachdem die Kunst ihm erweiternde Hülfsmittel geschafft hat? erschöpft sich der philosophische Geist in seinen

Lehrsätzen? gleicht er dem Gesetzgeber, der, nach Abfassung eines positiven Rechts, sich einem heroischen Tode weiht? — Oder kennt man eben diesen Geist, wie gleich im Eingange bemerkt ist, in allen Wissenschaften unabhängig von den Eigenheiten der Systeme? In dem unmittelbaren und allgemeinen Gebrauch *derselben* Kraft, welche, wenn man es fordert, Systeme erzeugt; — in *ihrer* stets fortgesetzten Anwendung auch während der Auffassung und Verarbeitung *gegebener Materialien*, hierin muss nicht bloss Verwahrung gegen das Einreissen und Wuchern der Irrthümer, die aus den Schulen kommen, sondern auch Gewandtheit in der *richtigen* Benutzung *richtiger* Lehrsätze gesucht werden. Niemand soll dergestalt *Philosoph von Profession* sein wollen, dass ihm das unmittelbare Interesse des übrigen Wissens und Fühlens darüber matt würde; Niemand soll sich dergestalt verlieben in den Syllogismus, dass es für ihn keine andre Wahrheit noch Wahrscheinlichkeit geben könnte, als die der Conclusionen zufolge der Subsumtionen unter die Obersätze der schulmässigen Weisheit. Der Augenblick des blossen Rechnens ist ein verlorner Augenblick für das Denken. So sagen wir von dem Rechnen nach der Formel; nicht aber von dem Kopfrechnen, welches seine arithmetische Regel in jedem Augenblick vielmehr neu erzeugt als ihr nachfolgt. Es hat freilich keine Gefahr, dass dies Kopfrechnen die Mathematik verdrängen werde; — und so würde auch die Philosophie *als Wissenschaft*, selbst bei dem richtigsten *Philosophiren*, immer noch Bedürfniss bleiben, wenn schon ein eignes System nicht zur Aufrechthaltung nöthig wäre im Drange der fremden Systeme.

„Man muss eine Metaphysik haben, wie man ein Haus haben muss." Dieser scherzhafte Ausdruck, der irgendwo zu lesen steht, enthält etwas Wahres. Gewiss es kann nichts unbequemer sein für den, welcher nicht ganz darauf Verzicht thut, in der Gedankenwelt zu leben, — als dies, keine Wohnung darin zu besitzen, nicht Dach noch Fach zu haben für die angesammelten Kenntnisse, die geordnet und aufbewahrt sein wollen, und für die angenommenen Meinungen, die nach Schutz verlangen gegen andre, widersprechende und widerstrebende Meinungen. Ohne fest zusammen gestellte Grundsätze, wie leicht könnte man ausser Fassung gerathen bei der ersten besten überraschenden Keckheit, womit Jemand den gewohnten Vorstellungen Trotz zu bieten unternähme? Ohne alle Werkzeuge des Denkens, woher erhielte man die Geläufigkeit, urtheilen und seine Stimme abgeben zu können über alle die Dinge, über welche schon das tägliche Gespräch einem Jeden sein Wort abfordert? Im vollen Ernst, der beste Kopf, ohne ein ausgearbeitetes System, wird sich gefallen lassen müssen, dass man ihm Stille gebietet in sehr wichtigen Angelegenheiten, über welche zu schweigen oft eben so wenig räthlich als angenehm ist. Denn unmöglich kann er auf der Stelle alle die Resultate langer Meditationen gleichsam aus freier Hand verfertigen, welche nöthig wären, der Ueberlegenheit der Vorbereiteten ein Gegengewicht zu geben. — Folgt aber daraus, dass man sich die erste beste Hütte aus den eben vorräthigen Materialien zusammenzimmern, und ein Aushängeschild mit der Inschrift: *mein System!* daran fügen müsse? — Wenn es Niemand so machte, so wäre es nicht nöthig, davon zu reden. Aber es finden sich deren genug, die geurtheilt haben wollen, wenn sie etwas aussagen, das einer Folgerung aus den von ihnen beliebten Vordersätzen ähnlich sieht, und die es übel nehmen, wenn man ihnen zeigt, dass diese Vordersätze nur lose Einfälle sind, oder höchstens geliehene Formeln, über die sie keine weitere Rechenschaft geben können, als dass sie dieselben zu ihren Grundsätzen nun einmal erwählt haben. — Es ist klar, dass eine Metaphysik, die ihre Wohnlichkeit rühmt, nur gelten kann für das Princip einer leidlichen *Ansicht;* es ist zu vermuthen, dass sie aus zusammengereiheten Sätzen bestehn werde, deren Verbindung keine *Speculation* untersucht, sondern eine tastende Association, so gut es gehn wollte, eingerichtet hat; es ist nicht daran zu denken, dass eine *wissenschaftliche* Vertiefung in die innern Schwierigkeiten der Begriffe sich da ausgearbeitet habe, wo man es auf die Bequemlichkeit der Folgerungen und Nutzanwendungen anlegte. Es ist aber zu loben, wenn eine selten gewordne Aufrichtigkeit sich der höhern Ansprüche begiebt, welche neuerdings zuweilen selbst von denen gemacht werden, deren Hütte noch nicht einmal fertig ist.

Nach dem, was hier über den Aufbau eines Systems gesagt worden, kann hoffentlich nicht die Meinung entstehn, als dürfte eine solche Arbeit ohne grosse Ueberlegung begonnen, ohne strenge Gewissenhaftigkeit vollführt werden. Aber auch das ist eine Kunst: ein vorhandenes System gut zu bewohnen. Und eben auf sie muss vorzüglich verwiesen werden, wenn gefragt wird nach den Bedingungen eines vollständig gelingenden philosophischen Studiums. Denn sie am wenigsten kann durch irgend eine Art von Tradition aus einer Hand in die andre übergehen. Möchte man sich verbürgen können für die Richtigkeit eines dargebotenen Systems: wer wird es übernehmen, auch noch eine Anleitung zum Gebrauche hinzuzufügen, — und wer, der eigne Kraft in sich fühlt, würde eine solche Anleitung annehmen wollen? — Wiederholt sei es gesagt: ein System zu benutzen, dazu gehören mannigfaltige Kenntnisse, es gehört dazu jene allgemeine Regsamkeit des philosophischen Geistes, welcher es geziemt, sich in allen Wissenschaften mit ursprünglicher Thätigkeit wirksam zu erweisen. Von allen Seiten zugleich vordringend, muss das philosophische Studium jede Partie der Erkenntnisse auf eigenthümlichem Wege zur Wissenschaft emporheben, so weit, bis sie selbst, die Philosophie als Wissenschaft, welche nach allen Seiten hin in's Specielle herabsteigt, entgegen kommt und, zugleich prüfend und geprüft, in Empfang nimmt, was wohl vorgerüstet — und ausarbeitet, was noch roh von ihr vorgefunden wird. In ungeschwächter Kraft also muss, bei aller Arbeit an dem System der Begriffe, zugleich jedes andre Werk von Statten gehen, wozu das gegebene Mannigfaltige, von selbst zur Einheit strebend, Antrieb und Gelegenheit giebt. Wo immer sich Lässigkeit an die Stelle der Arbeitsamkeit setzt, da entsteht Gefahr für das Zusammenwirken; und es bereitet sich die Klage über geistlose Gelehrsamkeit sowohl als über bodenlose Philosophie.

Wohin sind wir plötzlich gerathen? Offenbar zu dem Ideal einer Gelehrtenrepublik! Denn die grösste wissenschaftliche Forderung, welche im Namen des Einheitstriebes kann gemacht werden, haben wir so eben gemacht, nicht etwa an Einen Menschen, — wie könnte Einer sich zugleich in der Philosophie und in allen übrigen Disciplinen so ausbilden, um diese und jene zum allgemeinen und vollständigen Begegnen zusammenzuführen? — sondern an die Vielen allzumal, welche die Cultur der verschiedenen Zweige des Wissens unter sich getheilt haben. — Fragen wir aber, wie denn diese sich zu einem solchen Geschäfte zusammen verbinden müssten: so scheint es, als würden wir auch hier wieder zurückgewiesen; und zwar nicht durch die Willkür der Vielen, sondern durch die Natur der Sache. Denn wo sollte wohl der Vereinigungspunkt sein, wenn Einige zwar die Philosophie besässen und Andre die positiven Studien, Niemand hingegen beides in hinreichendem Grade inne hätte, um die Verschmelzung vollziehen zu können?

Giebt es nun, der Schwierigkeit ungeachtet, gleichwohl einige Seltene, welche mit tiefer philosophischer Ausbildung zugleich gründliche Kenntniss *irgend eines* andern wissenschaftlichen Faches verbinden: so leuchtet ein, dass zwar dadurch schon bei ihnen eine Ueberlegenheit entsteht, welche drückend genug werden kann für die übrigen Bearbeiter sowohl der Philosophie, als auch des positiven Wissens, indem die ersteren eine viel vollständigere Wirkung auf menschliche Gemüther zu machen im Stande sind, wie es diesen letzteren leicht gelingen möchte. Nichts desto weniger wird das Ganze der Wissenschaften von der gesuchten Concentration eher entfernt, als derselben angenähert erscheinen müssen, so lange die *Mehrern*, bei welchen sich Vereinigung der Philosophie — *hier* mit *diesem*, dort mit *jenem andern* und *wieder andern* positiven Fache vorfindet, — nicht *eine* und dieselbe philosophische Denkart *gemein* haben, und so lange nicht ein Jeder von ihnen *seine* Anwendung der Philosophie auf ein bestimmtes Positives den übrigen Pflegern des letztern annehmlich zu machen im Stande ist. Hätte aber vollends ein *falsches* philosophisches System sich geltend gemacht unter den meisten der universellen Köpfe: so würden die härtesten Stösse im Laufe der Zeit erfolgen müssen, wenn nun das trügende Eis bräche, und der Ruin scheinbar auch das übrige darauf gebaute Wissen verschlänge.

Diese Betrachtungen können keinem Einzelnen gleichgültig sein, der sich nicht geradezu in irgend eine positive Masse vergraben hat. Nicht nur trifft das allgemeine Ereigniss Alle, sondern es ziemt auch einem Jeden, das Allgemeine als zum Theil von Sich abhängig zu denken. Um so mehr, da im Reiche der Wissenschaften, wie jeder Tag zeigt, eigentlich keine Herrschaft erworben werden kann. Die Autoritäten scheinen nur zu steigen, um wieder zu sinken; und die literarischen Verbrüderungen zersplittern an dem kleinsten Stein des Anstosses. Wie viele Triumphlieder auch vor dem Siege gesungen werden, — denen zuweilen die ganz Unkundigen Glauben beimessen, — so bleibt es doch Keinem auf lange verborgen, dass der Gegner, der anstandshalber den *Wettstreit der lautesten Stimme* nicht mehr mitmachen will, darum weder selbst in seinem Innern besiegt, d. h. eines Bessern belehrt ist, noch auch nur den verständigen Zuschauern besiegt scheint, da er vielmehr von ihnen gelobt wird, wenn er den unnützen Wortwechsel abbricht, wodurch nur die zum eignen Forschen so willkomme Ruhe und Musse noch ferner würde gestört werden. Diese letztern

Massregeln nun sind zwar gut für die einzelnen reiferen Denker; aber eben so klar ist es auch, dass im Allgemeinen das philosophische Studium in allen seinen Zweigen und Gestalten beträchtlich darunter leiden muss, wenn die Mehrern sich schweigend in sich zurückziehen, die mindere Zahl einen Wechsel von lebhaften Auftritten bereitet, und statt einer vom öffentlichen Interesse ermunterten Untersuchung, nur einige tumultuarische Behauptungen vernommen, — oder vielmehr grossentheils nicht vernommen, sondern geringschätzig überhört werden, wie ein Wind, den man rauschen lässt so lange er dauert. Eine solche Gleichgültigkeit kann so wenig gleichgültig sein für das Ganze der Wissenschaften, als nützlich die Aufregung, welche den Taumel statt der Besinnung in die Gemüther bringt. Die Wissenschaften müssen auf der einen Seite aus einander zu fallen, auf der andern wunderbar zusammenzuschrumpfen scheinen, wenn dort die vereinigende Kraft der Philosophie aufhört zu wirken, hier ein ungestümes Streben, Alles unter Eine oder wenige dominirende Ideen zu bringen, die *Unterschiede* nicht wahrnimmt, oder sie gar ihrer Principien beraubt. Und jede Wissenschaft selbst, so gewiss sie die allgemeine Achtung sucht, soll eingedenk sein, dass dafür keins von beiden: weder, sich zu isoliren, noch, mit sich machen zu lassen, — das rechte Mittel ist.

Auch damit wird es nicht besser, wenn hie und da eine Wissenschaft sich an dies oder jenes philosophische System wendet, um von demselben Principien zu leihen, und denen gemäss sich selbst einzurichten. Angenommen, sie verstehe sich des Entlehnten richtig zu bedienen, sie unterwerfe sich allen Consequenzen, die sie sich nun gefallen lassen muss: so erhalten wir eine *Ansicht* ihres eigenthümlichen Stoffes durch die Begriffe eines bestimmten Systemes. Vollends angenommen, das System sei *richtig*, und mit ihm die gewonnene Ansicht: *so ist auf allen Fall damit die Wissenschaft aus ihrer natürlichen Form gewichen.* Dass ihr aber eine solche zugehöre, folgt daraus, weil ihre Bearbeitung unabhängig von philosophischen Lehrsätzen hatte unternommen werden können. Was, und wie viel, diese selbstständige Arbeit zu leisten vermöge: *das*, vor allem Andern, wünschen wir zu vernehmen, wenn wir zu der Wissenschaft hinzutreten, um uns mit ihr bekannt zu machen. — Es kann sich nun gar wohl finden, dass eben das Resultat der selbstständigen Bearbeitung an innern Schwierigkeiten leide, die ihm nicht gestatten, für ein *letztes* Resultat zu gelten. Hebe man denn diese Schwierigkeiten hervor, stelle man sie ins klärste Licht, entwickele man die Fragepunkte aufs allergenaueste, sei man ganz aufrichtig in Rücksicht der Bedürftigkeit, welche der Gegenstand fühlen lässt, sobald man ihn in Begriffe zu fassen versucht. Oder, was mit andern Worten gerade dasselbe heisst: man cultivire jede besondre Wissenschaft *unter Voraussetzung der Philosophie überhaupt*, als einer *möglichen künftigen* Aufklärung über das, was jetzt in den Begriffen noch dunkel bleibt. So wird man den Gewinn, welchen wahrhafte philosophische Entdeckungen bringen können, nicht nur nicht verfehlen, sondern die Zueignung desselben erleichtern; man wird eben dadurch zugleich sich in Sicherheit setzen gegen unvorsichtiges Aufnehmen solcher Vorstellungsarten, welche nur oberflächliche Befriedigung gewähren können, ohne in das Innere der Schwierigkeiten mit reeller Hülfe hineinzudringen. —

Betrachtungen dieser Art konnten hier nicht ganz vermieden werden, wo von dem Erfolge des philosophischen Studiums die Rede sein sollte. Denn derselbe hängt nicht lediglich ab von philosophischen Forschungen, Vorträgen und Schriften; es haben darauf alle Studien Einfluss, und eben daher auch die Art der Behandlung und Aufnahme, die ihnen zu Theil wird.

Indessen, wenn schon die Mängel der Zeit es mit sich bringen, dass nicht immer von allen Seiten her alle Eindrücke, einander gehörig entsprechend, genau zusammenwirken: wer ist so abhängig von dem, was von aussen kommt, dass jeder Misklang der Buchstaben, die er hört und liest, auch eine Mishelligkeit in seinem Innern erzeugen müsste? Es giebt eine Kraft, verschiedenen Meinungen ruhig zuzuhören; eine Stärke, abzuwehren, was mit zudringlicher Keckheit herannaht; eine Kunst, in die Ferne zu stellen, was, dicht vor's Auge tretend, mit dem Anschein imponirender Grösse die weitere Aussicht versperren möchte. Es giebt einen Prüfungsgeist, der sich auf Vorstellungsarten einlässt, ohne sie anzunehmen; der sich die Mühe nimmt, die zum Verstehen nöthig ist, und gleichwohl sich's gefallen lässt, wenn schon die Mühe nicht auf der Stelle durch Evidenz belohnt wird. Dieser Prüfungsgeist bedarf der Uebung; und zuweilen der Ermunterung: — möge er in den vorliegenden Blättern von beidem Etwas finden!

Im Begriff zu schliessen, werfen wir noch einen Blick auf das, womit alle Philosophie zu schliessen denkt, worin sie sich gleichsam aufzulösen strebt, — die vollendete Gemüthsruhe. Nichts scheint natürlicher, als die Erwartung, ein so köstlicher Besitz werde demjenigen, und keinem Andern, gefunden sein, welchem es gelang, die Wahrheit und das höchste Gut zu erkennen. So kann denn wohl nichts befremdender sein, als die Thatsache, dass eben in diesen Besitz die Urheber der verschiedensten Systeme ihren Stolz setzen. *Ruhe* ist ein gemeinschaftlicher Zug in den Physiognomien des Plato und des Spinoza; und vielleicht ist es zum Theil dadurch erklärbar, dass diese beiden so höchst verschiedenen Menschen, bei der gänzlichen Heterogeneität ihrer Principien, in neuern Darstellungen doch ganz nahe haben zusammengerückt werden können. Aber nicht bloss Realisten verschiedener Classen treffen sich in dem angegebenen Punkte, auch der Idealist, und der Kritiker, lässt sich die Gemüthsruhe nicht absprechen; ja der Skeptiker preist seine *Unverwirrbarkeit,* die ihm aus der Einsicht hervorgeht, dass es mit allen dogmatischen Behauptungen nichts sei; und der Epikuräer rühmt, seit der Befreiung von aller Furcht vor unsichtbaren Mächten vermöge nichts mehr seine Heiterkeit zu trüben. Meint man, es sei damit nur leeres Vorgeben bei diesen entgegengesetzten Sinnesarten? Eine von allen könne nur allein zur eigentlichen Stille des Gemüths gelangen? die andern müssten nothwendig von einem innern Stachel fortdauernd gequält und gepeinigt werden? — Wir wollen nicht von Ueberresten wankender Menschlichkeit reden, diese möchten sich wohl allenthalben vorfinden. So viel ist in der That gewiss: verschiedener Art müssen nothwendig die letzten Zustände sein, welche durch die Ausbildung verschiedener Principien in den Menschen erzeugt werden. Auch Verschiedenheit des *Werthes* denken wir gar nicht zu leugnen! Aber darin mögen sie leicht zu einer allgemeinen Aehnlichkeit gelangen: dass Jeder von ihnen sich der *Einheit mit sich selbst* erfreut; dass es Jedem zuletzt gelingt, die Saiten seiner Seele alle so ziemlich auf Einen Ton zu spannen. Und den monotonsten Menschen kann *diese* innere Reinheit am leichtesten zu Theil werden. Ja, den zügellosesten Phantasten, die gar kein Festhalten irgend eines Gedankens kennen, denen von einer Bearbeitung der Begriffe der Begriff gänzlich mangelt, — eben diesen bläst der Wind zuweilen in das Gemüth wie in eine Aeolusharfe, zur Verwunderung, wohl gar zur Erbauung solcher Hörer, welche weder Melodie noch Rhythmus noch kunstmässig fortschreitende Harmonie zu verlangen im Stande sind. So scheinen nicht nur Meinungen aller Art, es scheint die Narrheit selbst zuweilen den Gipfel der Weisheit zu ersteigen!

Nichts Anderes ist so täuschend, so verführerisch, als das Gefühl solcher Zustände, worin die innere Disharmonie aufhört vernommen zu werden. Kein andrer Reiz kann die Eigenliebe zu einer so monströsen Grösse hervorwachsen machen, als die Spiegelung der eignen Gedanken in den eignen Launen und Phatasien. Es ist schwer zu sagen, was dadurch früher getödtet werde: die Selbstkritik, oder der Untersuchungsgeist. Wenn Ihr die Wahrheit nach Eurem Gefühl beurtheilt, wie könnten Eure Gefühle sich nach der Wahrheit bilden?

So finden wir uns denn noch einmal getrieben, statt der Einheitsbegierde die Zwietracht zu loben. Nicht um eines Paradoxons willen, — es ist nicht die Rede von einer innern Zwietracht, welche bleiben solle. Wohl aber davon, dass der kürzeste Weg, sich von ihr zu befreien, nicht immer der beste ist. Nichts kann dafür bürgen, dass diejenige Stimme, welche am lautesten im Innern ertönt, auch die richtigste, — und die richtigste auch die lauteste sein werde. Diese einfache Wahrheit gehört ganz hierher, wo die Rede ist — nicht vom vollendeten Weisen, sondern vom philosophischen *Studium*. Wie es leicht begegnen möchte, dass der Unruhige, ja der Reuige, *besser* wäre denn der Selbstzufriedene: so dürfte auch der, welchen noch die Mishelligkeiten der Begriffe quälen, gar oft von der Wahrheit nicht so fern sein, als der Seher, dem das Universum wie eine Flur vor Augen liegt. Viel Standhaftigkeit gehört dazu, jene Qual zu ertragen; viel Stärke und Geduld, durch's Denken die Gedanken, durch die Gedanken sich selbst zu berichtigen. Der Irrthum aber, den der Zweifel verlässt, ist ein bergabrollend Rad, das mühelos verwüstet, und bald Ruhe findet unter den Trümmern.